EXECUÇÃO PROVISÓRIA DA PENA

— eficiência e resposta correta —

Dados Internacionais de Catalogação na Publicação (CIP)

V699e Vilela, Augusto Tarradt.
Execução provisória da pena : eficiência e resposta correta / Augusto Tarradt Vilela, Miguel Tedesco Wedy. – Porto Alegre : Livraria do Advogado, 2020.

109 p. ; 23 cm.

Inclui bibliografia.

ISBN 978-65-86017-13-7

1. Execução provisória - Pena (Direito). 2. Processo penal. 3. Garantia (Direito). I. Wedy, Miguel Tedesco. II. Título.

CDU 343.8

Índice para catálogo sistemático:
1. Execução provisória : Pena (Direito) 343.8

(Bibliotecária responsável: Sabrina Leal Araujo – CRB 8/10213)

Augusto Tarradt Vilela
Miguel Tedesco Wedy

EXECUÇÃO PROVISÓRIA DA PENA
– eficiência e resposta correta –

livraria
DO ADVOGADO
editora

Porto Alegre, 2021

(edição finalizada em outubro/2020)

Capa, projeto gráfico e diagramação
Livraria do Advogado Editora

Revisão
Rosane Marques Borba

Impresso no Brasil / Printed in Brazil

Dedico esta obra à minha esposa, Tafate, companheira amorosa de todas as horas, e aos meus pais, Ana e Ari, amores incondicionais, e aos que sofrem com os arbítrios da Justiça.

Augusto Tarradt Vilela

Dedico aos homens e mulheres que foram presos injustamente.

Miguel Tedesco Wedy

[...] A Carta da Bruzundanga, que começou imitando a do país dos gigantes, foi inteiramente obedecida nessa passagem, e de um modo religioso.

No que toca ao resto, porém, ela tem sofrido várias mutilações, desfigurações e interpretações de modo a não me permitir continuar a dar mais apanhados dela, a menos que quisesse escrever um livro de seiscentas páginas.

Lima Barreto.

Sumário

Apresentação

A eficiência, no âmbito do processo penal, vem sendo largamente utilizada como meio para legitimar posicionamentos jurídicos que mitigam garantias em processo penal, em nome do combate à impunidade, sendo empregada de uma maneira questionável diante dos preceitos constitucionais de garantias e de justiça. Diante dessa situação e a partir da análise da execução provisória da pena, buscou-se, na presente obra, analisar algumas das decisões que retomaram o entendimento da possibilidade da execução provisória da pena, antes de sua revisão, por intermédio da qual o Supremo Tribunal Federal recuperou a proeminência do texto constitucional

Executar a pena antes de seu trânsito em julgado é uma medida extrema e muito complexa, devendo ocorrer uma análise minuciosa de seus impactos às bases epistemológicas do direito penal material e processual e, especialmente, constitucional. Esta é a proposta da presente obra: avaliar o retorno desse entendimento que é claramente contrário ao texto constitucional e que se justifica apenas a partir de critérios funcionais e político-criminais, cuja legitimidade e eficiência são altamente discutíveis.

Os impactos de uma decisão como a tomada pelo Supremo Tribunal Federal são irreparáveis e é preciso que a academia aprecie o assunto, não com a pretensão soberba e arrogante de apenas apontar problemas, mas sim com o propósito de defender o texto constitucional da mais democrática de todas as nossas Constituições.

O Direito deve alcançar decisões justas nos casos concretos, mas deve fazer isso respeitando as leis e a Constituição, para que não se transforme em mero aríete da política, do ideológico ou do econômico. O Direito deve ser aquele que está no contrato social, não a mera afirmação de vontade unipessoal do intérprete do texto. Com isso, não se despreza a essencialidade do ato de interpretar, mas se sustenta que a interpretação deve ter limites no texto constitucional.

1. Introdução

O direito penal e o direito processual penal vêm passando por uma real e longa crise, uma crise que se agrava com a força do denominado ativismo judicial. Antes visto como *ultima ratio* do Estado, o direito penal passou a ser instrumento cada vez mais utilizado nas relações Estado-Cidadão e, inclusive, entre concidadãos, ampliando sua esfera de atuação e gerando efetiva preocupação aos estudiosos do Direito. Isso decorre de fatores que constituem o que Silva Sánchez chamou de expansão do direito penal, que fizeram com que a sociedade passasse a exigir a intervenção penal, por acreditar ser o meio adequado para resolução dos conflitos sociais. Entretanto, embora a visão expansionista do direito penal esteja efetivamente centrada na ampliação de tipos penais, identifica-se que sua origem produziu reflexos, inclusive no direito processual penal.

Essa crise, especialmente produzida pela globalização e pela concepção de uma sociedade de risco, fez com que os cidadãos reduzissem seu nível de tolerância, não aceitando passar por situações comuns da vida, riscos inerentes ao ato de viver. A exigência por responsabilização por fatos derivados de situações alheias à vontade humana, ao descrédito do Estado, dentre outras causas, fizeram com que, em uma visão orgânica da sociedade, sintomas fossem surgindo, tais como a criação de tipos penais de perigo abstrato, multiplicação de bens jurídicos penais transindividuais, flexibilização de garantias e fragilização da Constituição e do seu texto.

O movimento que gerou essa crise, que não ocorre apenas no Brasil, transpassou o direito penal material, pois a população começou a exigir uma resposta eficiente do processo penal, instrumento esse que é o meio legitimador da intervenção estatal na esfera individual do cidadão. Essa eficiência exigida pela sociedade tem ampla repercussão no discurso que sustenta o combate à corrupção, o fim da impunidade, a condenação célere dos indivíduos, a necessidade de prisões, nem que para isso haja a redução de garantias. A partir dessa visão, o Estado viu-se pressionado a manifestar-se, tendo protagonizado esse movimento o próprio Supremo Tribunal Federal, o qual tomou para si o dever de rever alguns de seus posicionamentos, especialmente quanto ao cumprimento da pena antes do trânsito em julgado da sentença condenatória, como diz o texto previsto no art. 5º, LVII, da CF/88.

O eficientismo processual penal ganhou força, como sinônimo de endurecimento da interpretação, mesmo diante do texto de leis e da própria Constituição.

É nessa linha que surge o tema aqui proposto, a análise sobre a eficiência no processo penal, sendo delimitada a verificar qual a eficiência aplicada pelo Supremo Tribunal Federal nos casos que permitiram a retomada do cumprimento da pena antes do trânsito em julgado, se está adequada à Constituição Federal e, se não estiver, qual seria o modelo de eficiência a ela adequado. Portanto, justifica-se o presente estudo, diante da relação existente entre eficiência, garantias e justiça, nos limites da Constituição.

As questões que, então, devem ser respondidas ao longo do trabalho proposto são: a eficiência derivada dos fundamentos do Supremo Tribunal Federal no caso da retomada do cumprimento da pena antes do trânsito em julgado é constitucionalmente adequada? Se não, qual a eficiência no processo penal que está de acordo com a Constituição Federal?

Em um primeiro momento, verifica-se que os fundamentos propostos a partir da decisão do *Habeas Corpus* n. 126.292/SP e as seguintes que vieram a discutir o assunto do cumprimento provisório da pena não estão em consonância com a Constituição Federal, isso porque há excesso de pragmatismo nas justificativas da retomada desse entendimento, prejudicando a ideia de eficiência para o processo penal.

Assim, a partir do objeto de investigação, impõe-se uma visão de eficiência que busca equilibrar garantias e justiça em processo penal, a fim de que haja uma otimização da legitimidade desse mesmo processo.[1] De outra parte, verifica-se se seria possível uma resposta adequada diante da chamada execução provisória da pena.[2]

[1] WEDY, Miguel Tedesco. *A eficiência e sua repercussão no direito penal e processo penal*. Porto Alegre: Elegantia Juris, 2016. Por óbvio que aqui estamos calçados numa visão onto-antropológica, estribada em Faria Costa. De salientar que, em nossa visão, na esfera penal, a eficiência pode ser afirmada quando se reconhece o equilíbrio entre o fundamento (a afirmação da relação de cuidado de perigo), a função (proteção subsidiária dos bens jurídicos mais relevantes) e a finalidade do direito penal (o alcançamento da justiça e da paz em cada decisão). Na esfera do processo penal, por sua vez, haverá maior legitimidade quando as ideias de Justiça, Garantias e Eficiência estiverem também em equilíbrio. Ou seja, deve haver um processo acusatório, essencialmente oral, que respeite as garantias, mas que produza, em tempo razoável, uma resposta, seja ela

Dessa forma, objetiva-se, com o fim dessa pesquisa, identificar se o Supremo Tribunal Federal, nas recentes decisões que autorizaram o cumprimento provisório da pena, aplicou no processo penal o conceito de eficiência em conformidade com a Constituição Federal. Para tanto, tem-se como objetivos específicos: (i) constatar algumas das causas geradoras da crise no direito penal e processo penal; (ii) diagnosticar alguns de seus sintomas, especialmente na realidade brasileira; (iii) avaliar a noção de eficiência para o presente estudo; (iv) realizar análise dos principais fundamentos da decisão proferida no *Habeas Corpus* n. 84.078/MG, bem como destacar os principais fundamentos lançados no *habeas corpus* n.126.292/SP, na medida cautelar da Ação Declaratória de Constitucionalidade n. 43/DF (e 44/DF), bem como no *Habeas Corpus* n. 152.752/PR.

Quanto à estrutura do texto, destinou-se o primeiro capítulo para análise, a partir dos estudos realizados por Silva Sánchez,[3] das causas da expansão do direito penal, verificando os casos por ele propostos e pretendendo-se fazer uma identificação com alguns casos ocorridos na realidade brasileira, bem como, em sua segunda parte, verificar alguns dos sintomas vertidos dessas causas. Nesse capítulo, o que se busca é apontar que existem, sim, situações que estão modificando a intervenção do direito penal e causando sérios impactos no processo penal, sobretudo quanto ao critério de eficiência.

No segundo capítulo, a pesquisa limita-se à conceituação de eficiência para o trabalho proposto, trata sobre a questão da eficiência como otimização da legitimidade do agir do Estado, bem como analisa a teoria do Utilitarismo com base nos conceitos de Bentham[4] e da Análise Econômica do Direito por meio da teoria de Posner,[5] finalizando com o estudo documental dos julgados do Supremo Tribunal Federal, anteriormente referidos, para extrair a concepção de eficiência no processo penal lá aplicada.

---

absolutória ou condenatória. O direito, em síntese, deve sempre atentar para isso, tentar alcançar uma decisão justa (isto é, uma decisão que respeite as leis e a Constituição) em casos concretos.

2 STRECK, Lenio Luiz. *Verdade e consenso*: constituição, hermenêutica e teorias discursivas. 4ª ed. São Paulo: Saraiva, 2011.

3 SÁNCHEZ, Jesús María Silva. *A expansão do direito penal*: aspectos nas sociedades pós-industriais. Trad. Luiz Otávio de Oliveira Rocha. 3ª ed. rev. e atual. São Paulo: Revista dos Tribunais, 2013.

4 BENTHAM, Jeremy. Uma introdução aos princípios da moral e da legislação. Tradução de Luiz João Baraúna. In: *Os pensadores*. 2ª ed. São Paulo: Abril Cultural, 1979. p. 4-68.

5 Principalmente: POSNER, Richard A. *A economia da justiça*. Trad. De Evandro Ferreira e Silva, revisão da tradução de Aníbal Mari. São Paulo: WWF Martins Fontes, 2010. Além de: POSNER, Richard A. *Direito, pragmatismo e democracia*. Trad. Teresa Dias Carneiro. Rio de Janeiro: Forense, 2010.

O terceiro capítulo é destinado à análise da resposta adequada à Constituição, proposta por Streck, fazendo-se uma análise do seu desenvolvimento e base epistemológica. Também se apura a visão de eficiência sob um viés onto-antropológico.[6] Ao fim, confrontam-se as decisões proferidas pelo Supremo Tribunal Federal, e aqui analisadas, com a resposta adequada à Constituição Federal e a noção de eficiência que respeite as garantias.

Para o alcance dessa estrutura e seu resultado, utilizou-se do método fenomenológico-hermenêutico aliado aos meios analítico-descritivos, tais como a análise bibliográfica da doutrina específica do assunto e outras complementares, bem como da análise documental dos acórdãos proferidos pela Suprema Corte. Apenas para fins de esclarecimento, o emprego do referido método dá-se pela necessidade de demonstrar que não ocorrerá uma investigação externa, em que o sujeito investigador se encontra completamente dissociado do objeto pesquisado. Neste estudo, os pesquisadores estão diretamente conectados ao objeto de análise, os quais acompanham e vivenciam os reflexos da aplicação de uma eficiência duvidosa para a retomada da execução provisória da pena. A partir dessa visão é que a aplicação do método fenomenológico-hermenêutico[7] junto a elementos analítico-descritivos passam a conceder forma e concretude à presente pesquisa, conectando seu resultado a uma realidade vivenciada.

Por derradeiro, em considerações finais, resguardar-se-á à retomada do problema, perpassando-se pelos itens estudados, lançando-se mão de críticas ao desenvolvido, inclusive com demais justificativas, tudo no real intuito de realizar o melhor desfecho possível à pesquisa.

---

[6] WEDY, Miguel Tedesco. *A eficiência e sua repercussão no direito penal e processo penal*. Porto Alegre: Elegantia Juris, 2016.

[7] STEIN, Ernildo. Introdução ao método fenomenológico heideggeriano. In: *Sobre a essência do fundamento*: conferências e escritos filosóficos de Martin Heidegger. Tradução de Ernildo Stein. São Paulo: Abril Cultural, 1979.

2. Algumas das causas e dos efeitos da crise do Direito Penal contemporâneo

O Direito Penal – substantivo e processual – vem passando por uma alteração social intrigante, uma nova forma de interpretar o delito, especialmente quanto à aplicação de medidas no processo penal, algo que não resulta da evolução técnica do Direito, mas de mudança social que, forçosamente, vem ocasionando a supressão de garantias na expectativa de responder contundentemente à impunidade na sociedade brasileira – e até mesmo mundial. A chamada "expansão do 'novo' Direito Penal" advém de diversas motivações, que podem ser observadas pelo aumento e antecipação da proteção penal de bens jurídicos, o demasiado uso da prevenção e a orientação às consequências (abandonando-se a compreensão dos princípios da política criminal de igualdade e justa retribuição).[8]

Evidencia-se que essa alteração substancial no direito penal deriva de fenômeno global, emanado da construção de uma sociedade permeada de medo e que ocasiona um excessivo desejo de punição e redução de garantias, já que as garantias, antes valoradas como evolução protetiva aos abusos do Estado, passaram a ser vistas como óbices à condenação. Essa é uma referência importante para visualizar a relação entre a expansão do direito penal e a eficiência para o processo penal, pois a crise constituída pela expansão do direito penal refletiu na concepção de que um processo eficiente é aquele que produz condenações, enquanto, ao que se observa do presente estudo, está relacionada com a otimização do processo penal, conciliando garantias e justiça.

---

[8] CALLEGARI, André Luís. Estado e política criminal: a expansão do direito penal como forma simbólica de controle social. In: *Constituição, sistemas sociais e hermenêutica:* programa de pós-graduação em Direito da Unisinos: mestrado e doutorado. Orgs. Lenio Luiz Streck, Jose Luis Bolzan, Ovídio Araújo Baptista da Silva [*et al*]. Porto Alegre: Livraria do Advogado, 2008. p. 203-222.

A sensação de medo possui diversos motivos, embasando-se, inicialmente, pela ocorrência da globalização, que gerou uma face obscura, chamada por Bauman de globalização "negativa", e que outorgou a abertura da sociedade e, consequentemente, a expansão dos medos e anseios de uma comunidade internacional inteira. Ao permitir-se a concepção da "sociedade aberta", derivada de uma seleta globalização do comércio, do capital, da vigilância, da informação, da coerção e das armas, do crime e do terrorismo, a sociedade compactuou com seus sintomas: "sociedades heterônomas e vulneráveis [...], horrorizadas por sua própria indefensabilidade e obcecadas pela segurança de suas fronteiras e das populações que vivem dentro delas".[9] É como se houvesse o acúmulo de temores, pois sociedades que detinham receios em razão do motivo X, passaram a desassossegarem-se com atos consequentes do motivo Y, os quais só ocorrem em outro local extremamente distante.

A globalização negativa, um dos fundamentos da crise de direito penal contemporâneo, torna-se ainda mais percuciente ao se verificar que a sociedade atual é, do ponto de vista tecnológico, bem desenvolvida.[10] Dominada pela tecnologia, modernização e velocidade da informação, a atual sociedade possui mecanismos de segurança ultradesenvolvidos que impedem, em muito, riscos e danos. Todavia, como Bauman menciona, mesmo com tudo isso, em especial na Europa, em decorrência do terrorismo, o que não é irrelevante, a sensação do medo permanece a desenvolver-se e alimentar-se.[11]

Todo esse contraste também é fundamentado naquilo que Ulrick Beck chamou de "*sociedad del riesgo*".[12] O autor desenvolveu, em seus

[9] BAUMAN, Zygmunt. *Medo líquido*. Tradução de Carlos Alberto Medeiros. Rio de Janeiro: Zahar, 2008. p. 126-127.

[10] Necessário referir que Bauman, ao expor a concepção de sociedade mais segura, não se refere, tão somente, à concepção de proteção efetiva, mas de meios para alcança-la. É evidente que crimes permanecem ocorrendo, que é preciso analisar cada sociedade em seu contexto – cidades ricas possuem, em regra, melhores meios de segurança que cidades pobres –, mas existem diversos meios que facilitam a comunicação de crimes, como o próprio telefone celular, câmeras, que previnem. Situação que não se via em épocas atrás. É nesse sentido que Bauman retrata a concepção de uma das sociedades mais seguras que já existiu.

[11] BAUMAN, *loc. cit.*, p. 169.

[12] Beck cunhou essa expressão demonstrando que diversas mudanças, a partir do período industrial, acabaram por modificar as relações sociais. Passou-se, então, a identificar que a atual sociedade, especialmente após Chernobyl, está inerentemente vinculada ao risco. (BECK, Ulrich. *La sociedad del riesgo*: hacia una nueva modernidad. Traducción de Jorge Navarro, Daniel Jiménez, Ma. Rosa Borras. Barcelona: Paidós, 1998. p. 14). Nessa linha, observa-se que a sociedade aceitou enfrentar novos riscos para viver uma vida mais célere, confortável e prazerosa. Mesmo com o alto número de mortes no trânsito, permite-se a utilização de veículos automotores; ainda que se saiba que a *internet* possa ser meio perigoso para intimidade e proteção de informações sigilosas, além de cometimento de delitos cibernéticos, seu uso é essencial na atualidade. Estes são exemplos de que a sociedade expõe-se aos riscos permanentemente para seu próprio desenvolvimento.

estudos, a compreensão da modernização reflexiva, pois, contrário à ideia de uma evolução utópica, propôs uma perspectiva mais dura, o que chamou de "vulcão da civilização". Consoante a teoria de Beck, o desenvolvimento, em especial o científico e industrial, expõe a sociedade a uma série de riscos que não podem ser evitados.[13] Assim, identifica-se que o risco está diretamente relacionado à evolução, ao desenvolvimento, fazendo com que, em realidade, o risco[14] modifique o planejamento social, inclusive refletindo no direito penal,[15] pois a sociedade de risco, que acaba contribuindo para essa crise no direito penal, legitima um totalitarismo que antecipa ou impede perigos[16] sob o pretexto de evitar o pior, como adiante se observará.

As circunstâncias acima expostas acabam embasando, ou constituindo, o que se chama de expansão do direito penal, que Silva Sánchez define como uma tendência predominante, com a criação de novos tipos penais, a flexibilização de garantias fundantes do direito penal e processo penal e a inovação de bens jurídicos.[17]

2.1. A expansão do Direito Penal: fração das justificativas do Direito Penal da mitigação de garantias

A capacidade de interveniência da globalização no direito é exposta, de maneira clara, por Silva Sánchez, o qual estabelece a discussão acerca das velocidades do direito penal, explicitando os motivos que levaram a sua expansão na sociedade.

---

[13] MENDES, José Manuel. *Sociologia do risco*: uma breve introdução e algumas lições. Coimbra: Imprensa da Universidade de Coimbra, 2015. p. 23.

[14] Mendes refere que: "O risco é, para Beck, um estádio intermédio entre a segurança e a destruição, e a percepção dos riscos ameaçadores determina o pensamento e a ação. No risco o passado perde o seu poder de determinar o presente. É o futuro, algo que é construído, não existente, que constrói o presente, e os riscos são sempre locais e globais, assumindo uma dimensão transescalar". (*Ibid.*, p. 24).

[15] No Brasil, por exemplo, é muito comum a utilização de prisões cautelares para evitar riscos, a fim de satisfazer a "ânsia de segurança do povo" (WEDY, Miguel Tedesco. *Eficiência e prisões cautelares*. Porto Alegre: Livraria do Advogado, 2013. p. 127). Essa circunstância acaba refletindo em um alto número de presos provisórios, representando, em 2016, 40% da população carcerária (BRASIL. *Levantamento nacional de informações penitenciárias*: INFOPEN Atualização. Org. Thandara Santos. Col. Marlene Inês da Rosa [*et al.*]. Brasília: Ministério da Justiça e Segurança Pública. Departamento Penitenciário Nacional, 2017. p. 13. Disponível em: <http://depen.gov.br/DEPEN/noticias-1/noticias/infopen-levantamento-nacional-de-informacoes-penitenciarias-2016/relatorio_2016_22111.pdf>. Acesso em: 29 jul. 2018).

[16] BECK, Ulrich. *La sociedad del riesgo*: hacia una nueva modernidad. Traducción de Jorge Navarro, Daniel Jiménez, Ma. Rosa Borras. Barcelona: Paidós, 1998. p. 88.

[17] SÁNCHEZ, Jesús María Silva. *A expansão do direito penal*: aspectos nas sociedades pós-industriais. Trad. Luiz Otávio de Oliveira Rocha. 3ª ed. rev. e atual. São Paulo: Editora Revista dos Tribunais, 2013. p. 28.

Silva Sánchez, em sua teoria das velocidades do direito penal, elenca motivos que justificam a existência da expansão do direito penal e reconhece a globalização como meio multiplicador deles, isto é, um fator de propagação e suporte das causas que fundamentam a expansão. Para o autor, a globalização propulsiona a expansão do direito penal, porque se constitui em um direito unificado, relativizador das garantias político-criminais, substanciais e processuais, e flexibilizador das regras da imputação, firmando uma estrutura menos garantista.[18] Essas consequências são prognosticadas por Silva Sánchez em quatro constatações.

Primeira, há uma necessidade de resposta prática às demandas da globalização, na pretensão de se alcançar mais eficácia.[19] Contudo, esta pragmatização do direito penal e processual penal acaba por afastar a análise científica do Direito, focando-se em uma análise político-criminal, refutando a discussão intelectual, o que acaba por conflitar com a estrutura do próprio direito penal.[20]

A segunda constatação está relacionada à natureza dos delitos. Enquanto se discute, localmente, a identificação e reprimenda de delitos comuns, a globalização alastrou a persecução penal quanto ao aspecto econômico. Assim, os delitos levados a conhecimento de outras comunidades pelo fenômeno da globalização possuem cunho eminentemente econômico.[21]

Responder, em termos punitivistas, às exigências da globalização é a terceira concepção do autor. Há uma ampla atuação para uma "reequipagem" jurídico-penal, para que se reduzam as lacunas,[22] o que se depreende pelo maior número de tipificação penal de condutas, tentando-se prever os atos que possam vir a ocorrer. Todavia,

---

[18] SÁNCHEZ, Jesús María Silva. *A expansão do direito penal*: aspectos nas sociedades pós-industriais. Trad. Luiz Otávio de Oliveira Rocha. 3ª ed. rev. e atual. São Paulo: Revista dos Tribunais, 2013. p. 97-98.

[19] Referente à concepção de eficácia e direito penal, dentro de um contexto do relacionamento entre direito penal e sociedade de risco, verifica-se o posicionamento de Hassemer, que expõe sua preocupação quanto ao emprego do direito penal para saciar a vontade social, implicando redução de garantias. O autor afirma que: *"Actualmente estamos viviendo una dramatización de la violencia y la amenaza. Ante esta situación se está elaborando una Política criminal que tiende a hacer del Derecho penal endureciéndolo y reestructurándolo, un instrumento de direcionismo estatal. En caso de necesidad se considera los principios que caracterizan nuestra cultura jurídica, no deben ser tenidos en cuenta o considerarse vigentes. El provecho que de ello se obtiene es escaso, los costes muy altos: a la larga un Derecho penal así concebido perderá su fuerza de convicción"*. (HASSEMER, Winfried. *El destino de los derechos del ciudadano en un derecho penal "eficaz"*. Trad. Francisco Muñoz Conde. Disponível em: <https://minerva.usc.es/xmlui/bitstream/handle/10347/4196/pg_183-200_penales15.pdf?sequence=1&isAllowed=y>. Acesso em: 29 jul. 2018).

[20] SÁNCHEZ, *loc. cit.*, p. 98.

[21] *Ibid.*, p. 99.

[22] *Ibid.*, p. 99.

interessante identificar que o próprio autor reconhece que tal circunstância é discutível, já que, em regra, o cidadão possui mais receio da criminalidade comum, de rua (roubos, furtos, homicídios) do que a criminalidade derivada da globalização[23] que, como se observou anteriormente, possui maior relação com o crime patrimonial, especialmente o *white collar crime*.

Quarta e última constatação da globalização como causa agravante das circunstâncias que viabilizam a expansão do direito penal é a sobreposição do *common law* americano (estadunidense) a outros sistemas. Reconhece-se que já há incompatibilidades entre os sistemas jurídicos estadunidense e inglês, por exemplo, contudo, a situação torna-se ainda mais grave quando o primeiro sistema passa a influenciar comunidades herdeiras dos sistemas romano-germânicos (*civil law*), como é o caso brasileiro. Com isso, há evidente desconsideração de valores locais e culturais, imprescindíveis para o bom desenvolvimento do Direito.[24]

> Ao se observar as questões levantadas por Silva Sánchez, constata-se que a globalização é um dos mecanismos que auxilia na estruturação do expansionismo, como a própria exigência de reprimenda a condutas que são inimagináveis de acontecer em determinada sociedade. O direito penal acaba tutelando algo que não condiz com a realidade de outras sociedades, fere os princípios da fragmentariedade e unidade lógica e intencional da dogmática penal .[25]

A globalização acaba sendo mais impositiva quando se denota a construção de comunidades internacionais, em que Estados-Nação passam a integrar grupo que dispõe sobre determinadas normas, como se observa no caso da União Europeia, cujos países-membros submetem-se imediatamente às normas, não elaborando mecanismo interno para absorção da regra, isso porque há compreensão de que o princípio da primazia do direito comunitário se sobrepõe ao princípio da supremacia da Constituição[26] – não se adentrando na discussão teórica acerca da ponderação ou preponderância de princípios, porquanto apenas se está evidenciando o entendimento sobre os fatos expostos. Nessa concepção, o regimento interno adere automaticamente à disposição internacional, tornando a norma, *in casu* sobre direito penal, válida e eficaz em território nacional.

---

[23] SÁNCHEZ, Jesús María Silva. *A expansão do direito penal*: aspectos nas sociedades pós-industriais. Trad. Luiz Otávio de Oliveira Rocha. 3ª ed. rev. e atual. São Paulo: Editora Revista dos Tribunais, 2013. p. 100.

[24] Ibid., p. 100-101.

[25] Sobre o assunto: COSTA, José de Faria. *Noções fundamentais de direito penal*. 3ª ed. Coimbra: Coimbra Editora, 2012. p. 12.

[26] CANOTILHO, J. J. Gomes. *Direito constitucional e teoria da constituição*. 7ª ed. 15ª reimp. Coimbra: Editora Almedina, 2003. p. 284-285.

Isso (repisa-se, no âmbito da União Europeia e comunidades semelhantes, já que no Brasil é preciso que haja norma interna para tanto) acaba gerando duas situações distintas: (i) a internacionalização de padrões morais e valorativos que podem não fazer sentido para determinada sociedade e (ii) a garantia de direitos mínimos, cuja reivindicação histórica demonstra uma necessária universalização para elevação da dignidade da população.[27] Tem-se, a partir dessa análise, que o segundo item deriva do fenômeno positivo da globalização, enquanto o primeiro, mais relevante ao presente estudo, é originado da já referida globalização negativa, geradora de medo e de imposição de valores incompatíveis com o de sociedades locais.

Claro que isso se observa quanto a países que se submetem imediatamente à criminalização de condutas derivadas de organismos internacionais. Por esses motivos que se compreende que a globalização não é mero fenômeno de propulsão do expansionismo penal, senão causa própria desse, já que se encontra com os demais motivos trazidos por Silva Sánchez, como se observará a seguir.

O autor traz, como uma das causas para expansão do direito penal, "os novos interesses", no qual retrata uma mudança na pretensão de tutela do direito penal. O direito penal passa a tutelar bens jurídicos diversos do tradicional em razão das mudanças da sociedade, outros bens perdem a essencialidade para o direito penal e há uma tendência protecionista aos chamados bens jurídicos supraindividuais. Silva Sánchez aqui coloca que a sociedade evolui e com ela conceitos também, reconhecendo a possibilidade de uma expansão razoável do direito penal, o problema é que esta expansão, na prática, vem-se tornando desarrazoada, como ocorre na criminalização de condutas que nem sequer lesionam um bem jurídico.[28]

Também se evidencia o "efetivo aparecimento de novos riscos", no qual se identifica que, nos termos do parágrafo anterior, há uma modificação na sociedade, sua modernização para alcançar uma maior segurança, bem-estar e conforto acabou produzindo reflexos de risco. Este risco é procedente da ação humana de outros concidadãos que estão à frente do manejo dos novos mecanismos tecnológicos, submetendo os demais (consumidores, tomadores de serviço, entre outros)

---

[27] VILELA, Augusto Tarradt; VILELA, Tafate Viana Dias. Direito transnacional, estado contemporâneo e a crise da soberania: os reflexos na esfera penal. in: *Revista Eletrônica Artigos Jurídicos e Direito em Debate – AJDD*. 13ª ed. Ano VII. Disponível em: <http://www.reajdd.com.br/artigos/Revista_Ano%20VII_n13/10-AUGUSTO-MESTRANDO-ESTADUAL.pdf>. Acesso em: 23 de dez. 2017.

[28] SÁNCHEZ, Jesús María Silva. *A expansão do direito penal*: aspectos nas sociedades pós-industriais. Trad. Luiz Otávio de Oliveira Rocha. 3ª ed. rev. e atual. São Paulo: Revista dos Tribunais, 2013. p. 33-35.

aos riscos de suas atividades. Essas ações, em razão do desenvolvimento tecnológico e pela forte competitividade do mercado, acabaram por produzir uma marginalização de determinados indivíduos, gerando nos outros a sensação de risco – seja patrimonial, seja pessoal –. Soma-se a isso que a tecnologia também acabou por viabilizar o cometimento de novos delitos, isso porque há um novo campo de atividade criminosa, o que o autor chama de "ciberdelinquência", na qual se percebe a fácil atuação de organizações criminosas e o emprego de tecnologias. Não obstante a isso, tem-se, ainda, a submissão à falha, isto é, além da criminalidade dolosa, a sociedade passa a contar com condutas não dolosas, nas quais pessoas, ao manusearem instrumentos tecnológicos, passam a cometer "falhas técnicas", levando-se a uma nova interpretação do risco, devendo-se verificar se essas falhas devem ser vistas como penalmente relevantes ou socialmente aceitas.[29]

Seguindo nessa linha, o autor expõe que a "institucionalização da insegurança" é outra causa da expansão penal, a utilização de substâncias cujos efeitos nocivos ainda não se conhecem, e seus futuros reflexos causam incertezas na comunidade.[30]

Ainda acrescenta Silva Sánchez que a "sociedade pós-industrial e europeia é uma sociedade que expressa a crise do modelo do Estado do bem-estar social", diante do "desemprego ou marginalidade – especialmente juvenil de migrações voluntárias ou forçadas, de choque de culturas",[31] que produzem aumento da violência nas relações individuais, proporcionando elevação da sensação de medo.

Nessa causa apresentada pelo autor, faz-se imperioso acrescentar a atual questão da imigração, já que se tem observado os efeitos dela em locais como a Europa e – como reflexo de outra das causas, entendida aqui como causa, a globalização – o Brasil. O conflito multicultural, a ameaça do desemprego, faz com que massas ainda maiores acabem sendo marginalizadas, e o medo tenha mais densidade. Há evidências de que alguns países vêm utilizando-se de criminalizações para evitar ou expulsar imigrantes, a fim de reduzir os impactos do medo causados pelos motivos já explicitados aqui. A *crimmigration*[32]

---

[29] SÁNCHEZ, Jesús María Silva. *A expansão do direito penal*: aspectos nas sociedades pós-industriais. Trad. Luiz Otávio de Oliveira Rocha. 3ª ed. rev. e atual. São Paulo: Revista dos Tribunais, 2013. p. 35-37.

[30] *Ibid.*, p. 37-39.

[31] *Ibid.*, p. 39-40.

[32] Utilizado por Stumpf, o termo serve para identificar a criminalização da imigração por determinados países. A autora refere, na p. 381 de seu artigo, que: *"The 'crimmigration' merger has taken place on three fronts: (1) the substance of immigration law and criminal law increasingly overlaps, (2) immigration enforcement has come to resemble criminal law enforcement, and (3) the procedural aspects*

demonstra que as imigrações em massa ocorridas recentemente são um dos robustos meios de concretização da institucionalização da insegurança, já que esses países, por meio de seus atos, mostram não saber agir diante da situação, reforçando os receios do cidadão comum, e convalidando em verdadeiro excesso pela criminalização do ato de imigrar, deixando de ser uma mera relação de "ignorância", para partir a um direito penal do autor, no qual a pessoa é julgada pelo que é, não pelo que fez.[33]

Persistindo nos apontamentos de Silva Sánchez, a "sensação social de insegurança" é outro fator constitutivo da expansão do Direito Penal, talvez o mais importante para realidade contemporânea. Nela, observa-se que diversas circunstâncias que integram esta causa são vistas diariamente e têm gerado grande impacto na repressão punitivista e na mitigação de garantias do indivíduo. O autor, neste ponto, passa a identificar a existência da denominada "sociedade acelerada", na qual há um excesso de mudanças repentinas, céleres, resultando em dificuldades de adaptação e produzindo anseios no cidadão, como a "falta do curso das coisas". O ser humano já não consegue controlar sua rotina, não consegue manter-se atualizado, porquanto a dinâmica da sociedade ultrapassa limites inexplicáveis.[34] Essa falta de assentamento, de controle por parte do ser humano, acaba por gerar uma instabilidade e a sensação de que tudo foge ao seu controle, consubstanciando ainda mais a sensação do medo, pois a falta de controle produz reflexo direto no não conhecimento dos resultados, não se encontrando respostas no próprio agir do Estado, que também permanece desorientado quanto ao assunto da imigração.

Agrega-se a isso a dificuldade de "obter uma autêntica informação fidedigna",[35] isto é, em razão da tecnologia, do amplo acesso à rede mundial de computadores, a propagação de informações incorretas, falsas, é de altíssima circulabilidade, o que leva o indivíduo a duvidar

---

of prosecuting immigration violations have taken on many of the earmarks of criminal procedure. Some distinctions between immigration and criminal law persist and shed light on the choices our system has made about when and how individuals may be excluded from the community". (STUMPF, Juliet. *The crimmigration crisis: immigrants, crime and sovereign power*. In: *American University Law Review*. Vol. 56, n. 2. Dez./2006. p. 367-419. Disponível em: <http://digitalcommons.wcl.american.edu/cgi/viewcontent.cgi?article=1274&context=aulr>. Acesso em: 26 dez. 2017).

[33] WERMUTH, Maiquel Ângelo Dezordi. Mixofobia: a construção dos imigrantes ilegais como "sujeitos de risco" e o tratamento jurídico-penal da imigração irregular na União Europeia como retrocesso rumo a um modelo de Direito Penal do autor. In *Direito penal e globalização:* sociedade de risco, imigração irregular e justiça restaurativa. Org. André Luís Callegari. Porto Alegre: Livraria do Advogado, 2011. p. 45-90.

[34] SÁNCHEZ, Jesús María Silva. *A expansão do direito penal*: aspectos nas sociedades pós-industriais. Trad. Luiz Otávio de Oliveira Rocha. 3ª ed. rev. e atual. São Paulo: Revista dos Tribunais, 2013. p. 40-41.

[35] *Ibid*. p. 42.

das informações que o alcançam. Esse fenômeno é bem identificado nas chamadas *fake news*, propagadas pela rede mundial de computadores, as quais vêm tomando mais espaço no cotidiano da atual sociedade, atraindo a atenção, inclusive, de autoridades, tendo em vista o alastramento de informações graves e falsas. Em um contexto internacional, a Alemanha, por exemplo, tem pretendido aplicar multas[36] a redes sociais que não praticarem medidas de combate às *fake news*, em razão da disseminação de notícias fabricadas. Outro exemplo é o impacto gerado nas eleições estadunidenses de 2016, na qual, consoante pesquisa realizada pelo BuzzFeed News, o compartilhamento de notícias falsas em redes sociais superou as notícias de origem "confiáveis" (grandes veículos de informações), alcançando, as 20 primeiras *fake news*, um total de 8.711.000 de compartilhamentos, reações e comentários na rede social *Facebook*, contra 7.367.000 das notícias oriundas das principais empresas jornalísticas dos Estados Unidos da América (*The New York Times*, *NBC* e *Washington Post*).[37]

Para o Brasil, as *fake news* têm impactado ainda mais na questão da sensação de insegurança. Imagens divulgadas de pessoas supostamente cometendo delitos, vídeos compartilhados fora de contexto, notícias fabricadas e populistas geram revolta na população, sensação de impunidade, levando a população a praticar crimes de alta gravidade, como o caso do assassinato de Fabiane Maria de Jesus, que, em razão de uma falsa notícia, fora julgada pela comunidade onde residia como praticante de "magia negra" e assassinada por seus vizinhos.[38]

Mantendo-se na esteira da "sensação de insegurança" de Silva Sánchez, identifica-se a instabilidade emocional-familiar, essa que se verifica a partir da procura demasiada dos grupos econômicos por empregados solitários, uma vez que a ausência da família facilita na dedicação ao trabalho. Contudo, este perfil de indivíduo, cada vez mais procurado e encontrado na sociedade, sofre com a perplexidade da relatividade – há uma desorientação pessoal –, refletindo na perda de referências valorativas-objetivas, isto é, constitui-se uma sociedade

---

[36] ANSA. Alemanha pode impor taxa a redes sociais contra *fake news*. *IstoÉ*, São Paulo, 13 mar. 2017. Disponível em: <https://istoe.com.br/alemanha-pode-impor-taxa-a-redes-sociais-contra-fake-news/>. Acesso em: 26 dez. 2017.

[37] SILVERMAN, Craig. *This Analysis Shows How Viral Fake Election News Stories Outperformed Real News On Facebook. BuzzFeed News*, Toronto, 16 nov. 2016. Disponível em: <https://www.buzzfeed.com/craigsilverman/viral-fake-election-news-outperformed-real-news-on-facebook/>. Acesso em: 26 dez. 2017.

[38] D'AGOSTINO, Rosanne. Três anos depois, linchamento de Fabiane após boato na web pode ajudar a endurecer lei. *G1*, São Paulo, 01 abr. 2017. Disponível em: <https://g1.globo.com/e-ou-nao-e/noticia/tres-anos-depois-linchamento-de-fabiane-apos-boato-na-web-pode-ajudar-a-endurecer-lei.ghtml>. Acesso em: 26 dez. 2017.

sem "princípios generalizáveis" em que tudo é adstrito ao pragmatismo do caso ou à solução consensual.[39]

Por meio da perplexidade da relatividade, passa o agente a "ser--estar" em um ambiente de "dessolidarização estrutural", em que o interesse individual passa a preponderar, estabelecendo o individualismo de massas, deixando-se de considerar a sociedade como uma comunidade de pessoas envolvidas, mas sim um aglomerado de indivíduos, cada um com seu desejo, seu interesse particular. Essa nova realidade gera o sentimento de solidão, produtor da sensação de insegurança,[40] pois o estar só é contra a natureza humana.

Outra relevante circunstância é a "experiência com o mal", que viabiliza a sensação constante do medo. O autor refere que as guerras ocorridas no mundo, tanto as que deixaram vestígios como as que ainda se sentem em razão da proximidade e, especialmente, com o terrorismo, permitem a ampliação do medo e da angústia.[41] O ser humano, em razão de muitas mudanças sociais, já não está disposto a sofrer os riscos comuns de estar vivo, a dor não pode ser sentida, a frustração deve ser ignorada, circunstâncias que afetam o próprio viver, sensações próprias do "estar-vivo", motivam a sociedade a exigir por mais criminalizações, por um processo penal mais direto, sem muitas garantias (ou, até mesmo, sem garantias).

É inexorável a participação dos meios de comunicação na configuração da sensação de medo. Por viabilizar a dinamicidade na informação, a mídia acaba propagando situações que reproduziriam a "realidade local", concedendo a impressão de que aquilo que se transmite está próximo ao (tel)espectador, situação que viabiliza o temor do que ocorreu em ponto contrário do globo, causando, além do medo propriamente dito, a sensação de impotência, impulsionado pela dramatização da própria mídia,[42] fortalecendo-se o sentimento de que todo o mal que está sendo reportado ao receptor da notícia não pode ser evitado. Percuciente diagnóstico Silva Sánchez faz em sua análise, algo que cotidianamente vem-se tornando mais presente, quanto à participação das instituições públicas nessa divulgação.[43]

É sabido que cada vez mais as mídias sociais estão sendo utilizadas pelas autoridades e instituições públicas, inclusive de segurança.

---

[39] SÁNCHEZ, Jesús María Silva. *A expansão do direito penal*: aspectos nas sociedades pós-industriais. Trad. Luiz Otávio de Oliveira Rocha. 3ª ed. rev. e atual. São Paulo: Editora Revista dos Tribunais, 2013. p. 42-43.

[40] *Ibid.*, 43-44.

[41] *Ibid.*, p. 45-47.

[42] *Ibid.*, p. 48.

[43] *Ibid.*, p. 49.

Divulgação de vídeos de prisões, relatos de autoridade de segurança pública indignadas com o Judiciário, discursos de reprimenda por pessoas que vestem a farda do Estado vêm sendo disseminadas na *internet*, isso, consequentemente, acaba por fornecer o incentivo à justiça da revolta, ao desejo de justiça pelas próprias mãos. O conjunto de fatores definidos na "sensação de medo" faz com que a população exija uma resposta do Estado, notadamente do direito penal,[44] já que todos os outros meios aparentam ser ineficazes ao combate à insegurança e à impunidade. Com isso não se quer afirmar, de modo algum, qualquer restrição à liberdade de imprensa. Essa também é uma garantia essencial da democracia e do Estado de Direito. Sem liberdade de imprensa não há democracia. Tão essencial é essa liberdade que ela deve ser exercida com a máxima responsabilidade, contenção e integridade

Permanecendo na linha do autor, é preciso apurar uma outra situação que deve ser abrangida pela "sensação do medo", são os chamados discursos de ódio que vêm tomando cada vez mais espaço em discussões, especialmente virtuais. O discurso de ódio tende a estigmatizar, eleger um inimigo (ou um grupo), por condição própria dele, fundando-se em uma segregação,[45] vulgarizando a discriminação e o desejo de criminalização de determinados grupos (homossexuais, feministas, comunistas, por exemplo).

Partindo-se para outro ponto da expansão do direito penal, a análise da "configuração de uma sociedade de sujeitos passivos" perpassa pela concepção de que o Estado atual possui muitos membros passivos (beneficiários, desempregados, pensionistas, etc.), pessoas que não possuem uma determinada "atividade" na sociedade, enquanto as classes ativistas (empreendedoras, dinâmicas e ativas), que fortaleceriam a concentração de capitais, são cada vez menores, levando à perda de muito de seu espaço, de seu prestígio na sociedade. Esse aumento de sujeitos passivos faz com que a noção de "risco permitido"[46] acabe por retroceder, pois as pessoas desejam, cada vez mais,

---

[44] SÁNCHEZ, Jesús María Silva. *A expansão do direito penal*: aspectos nas sociedades pós-industriais. Trad. Luiz Otávio de Oliveira Rocha. 3ª ed. rev. e atual. São Paulo: Revista dos Tribunais, 2013. p. 50.

[45] A abordagem realizada pelos autores do mencionado artigo dá conta de demonstrar os reflexos do discurso de ódio inclusive praticado por parlamentares e, ao fim, concluem que, quanto à estrutura conceitual, que: "A complexidade do fenômeno do discurso do ódio localiza-se na possibilidade de existir uma variedade de formas de manifestação e de tipos diferentes de ódio, que indicam a dificuldade da construção de um padrão conceitual para o problema". (SCHÄFER, Gilberto; LEIVAS, Paulo Gilberto Cogo; SANTOS, Rodrigo Hamilton dos. Discurso de ódio: da abordagem conceitual ao discurso parlamentar. In: *Revista de Informação Legislativa*, vol. 52, n. 207, jul./set. 2015. p. 143-158).

[46] A ideia de risco permitido é centrada na concepção de que existe um risco tolerável no viver. A sociedade passa a estabelecer limites, elencando condutas toleráveis e intoleráveis. O grande problema para o direito penal e processual penal contemporâneo é que está ocorrendo uma

mitigar o chamado risco permitido, com características de "restrição progressiva das esferas de atuação arriscada", um dos motivos que têm incentivado a responsabilização por ações arriscadas. Por mais, tem-se também que essa redução do parâmetro de risco permitido gera, inclusive, a queda no aceite de fatos fortuitos, situações produzidas pelo azar, convertendo a concepção de que estes acidentes, na verdade, são injustos, acionando-se, novamente, o Estado mediante o direito penal.[47]

De outra parte, também a ocorrência de desastres naturais passa a ser injustificável para a população, o que torna mais rarefeita a questão da imputação criminal, já que se torna essencial atribuir a responsabilização de condutas.[48]

Silva Sánchez segue seu diagnóstico apontando como uma das causas a "identificação da maioria com a vítima do delito". Na sociedade contemporânea, observa-se uma alta tendência de a sociedade identificar-se com a vítima, há uma forte solidarização[49] geradora do desejo de "justiça", na qual se busca a penalização do indivíduo. Entretanto, é imperioso reconhecer que se trata também de meio protetivo da vítima, na qual se autoriza, por meio do princípio da legalidade,

---

redução considerável desta tolerância, circunstância que se acrescenta como uma das causas de expansão do direito penal – não exposta por Silva Sánchez, mas reconhecida por este trabalho –, já que a intolerância, seja de cunho social, racial ou com determinados atos, é consubstanciada por grupos seletos. Aí que exsurge um debate bem delineado por Luhmann ao expor sua preocupação com o "termostato" do risco: *"También las ciencias sociales han descubierto el problema del riesgo. Antropólogos de la cultura, de la sociedad, politólogos saben que la valoración y la aceptación del mismo no es únicamente un problema psíquico sino fundamentalmente social. Así, la conducta individual o se adecua a las expectativas socialmente mantenidas por los grupos de referencia relevantes o bien responde a procesos de socialización específicos – sea a favor o en contra del criterio socialmente admitido. El trasfondo de esta posición radica en una mejor comprensión del alcance del problema del riesgo inspirado ante todo en los problemas tecnológicos y ecológicos de la sociedad moderna. La pregunta relevante a este respecto se ocupa de saber quién o qué decide si (y en qué horizontes objetivos y temporales) un riesgo en tanto tal ha de ser considerado o no. A las ya conocidas discusiones sobre el cálculo, percepción, valoración y aceptación del riesgo, se suma ahora la problemática sobre la selección de riesgos, problemática que no trata de la causalidad, sino sobre la posibilidad de que los factores sociales puedan dirigir el citado proceso de selección"*. (LUHMANN, Niklas. *El concepto del riesgo*. In: *Las consecuencias perversas de la modernidad: modernidad, contingencia y riesgo*. Org. Josetxo Beriain. Trad. de Celso Sánches Capdequí. Barcelona: Anthropos, 1996. p. 123-172).

[47] SÁNCHEZ, Jesús María Silva. *A expansão do direito penal*: aspectos nas sociedades pós-industriais. Trad. Luiz Otávio de Oliveira Rocha. 3ª ed. rev. e atual. São Paulo: Revista dos Tribunais, 2013. p. 52-57.

[48] *Ibid.*, p. 57-60.

[49] Sobre essa solidarização, Vianello e Padovan retratam a concepção de "vitimização por procuração": *"Per spiegare tale distorsione nella percezione sociale del rischio associato al crimine, si è parlato di "vittimizzazione per procura", quella di cui sono vittime i conoscenti, gli amici, i parenti, quella di cui si sente parlare attorno a noi"*. (VIANELLO, Francesca. PADOVAN, Dario. *Criminalità e paura*: la construzione sociale dell'insicurezza. Disponível em: <https://www.researchgate.net/publication/267821965_Criminalita_e_paura_la_costruzione_sociale_dell%27insicurezza>. Acesso: 29 jul. 2018).

a responsabilização daqueles que ofendem a integridade de determinado indivíduo e/ou de direito coletivo. Malgrado, deve ser interesse da vítima e da sociedade como um todo que os preceitos técnicos do direito constitucional e penal sejam respeitados para apuração do delito.

O autor passa a identificar, também, que a pena é utilizada, inclusive, como meio de compensação ao sofrimento da vítima, porquanto a sociedade coloca-se na posição de amenizadora da dor do ofendido, por não ter evitado o fato delituoso, possuindo uma dívida com a vítima que seria adimplida com o castigo ao autor do delito. A realidade exposta por Silva Sánchez acaba coincidindo substancialmente com a brasileira, pois é compreensível que a comunidade passe a colocar-se como vítima em potencial, fazendo-se com que determinados riscos não se amoldem ao conceito de "risco permitido".[50]

No passo desse entendimento, é perceptível que a sociedade brasileira sempre estigmatizou a criminalidade de massa (crimes contra pessoa, contra o patrimônio, etc.) e alarmava-se com os *white collar crimes*, apontando-os como meios de impunidade – mesmo quando a esses era aplicada a lei devidamente. Todavia, ao invés de ter ocorrido uma elevação na aplicação de garantias e direitos àqueles praticantes de "crimes comuns" (os quais seriam praticados pelo cidadão comum em uma visão simplista), a pressão social fez com que, a partir de casos em concreto como o Mensalão e a Lava-Jato, a relativização de garantias e direitos passasse a encontrar, também, os praticantes de delitos econômicos, ignorando o fato de que a supressão de direitos e garantias de um afeta a de todos. Com isso não se quer desprezar a realidade brasileira, em que há uma violência congênita, especialmente pela autêntica epidemia de homicídios não resolvidos. Mas é justamente aí que se vê a ineficácia de nosso sistema penal, que é muito duro com determinados delitos e agentes, mas fraco com outros.

As explanações de Silva Sánchez direcionam-se ao encontro da atual discussão brasileira sobre a redução da "maioridade penal", por exemplo, reforçando o autor que o fenômeno da identificação da maioria com a vítima chega a alcançar a chamada "criminalidade infantil".[51] A legislação repressiva deste tipo de criminalidade é reduzida, haja vista que outras circunstâncias são levadas em consideração, como a capacidade de compreensão do indivíduo, seu amadurecimento e, principalmente, a corresponsabilidade social, em que a sociedade

[50] SÁNCHEZ, Jesús María Silva. *A expansão do direito penal*: aspectos nas sociedades pós-industriais. Trad. Luiz Otávio de Oliveira Rocha. 3ª ed. rev. e atual. São Paulo: Editora Revista dos Tribunais, 2013. p. 68-70.

[51] *Ibid.*, p. 73-74.

possui parte substancial de responsabilidade no envolvimento de um jovem em um crime. Malgrado, ao que se observa, esta situação não se caracteriza como causa, propriamente dita, da expansão do direito penal, mas, sim, do resultado dela.

Outra causa de expansão do direito penal apresentada pelo autor é o "descrédito de outras instâncias de proteção" que, no Brasil, possui ainda maior relevância, seja pela "cultura judicial"[52] estabelecida, seja pelas crises política e econômica agravadas no período de 2014 a 2018. Para o autor, os motivos anteriormente postos por ele não são suficientes para explicar a expansão do direito penal em si, pois haveria a possibilidade de expansão de outros mecanismos de proteção de bens, como a própria ética social, o direito civil e o administrativo. Contudo, em razão da perda de credibilidade, limitação ou inexistência destas outras instâncias, o direito penal passa a ser o responsável pela resposta às outras causas.

O autor explana que quanto à ética social, ao utilizar-se de trechos de Ortega y Gasset, houve uma perda consistente da compreensão de deveres. O cidadão acreditou constituir-se em ser de ilimitados direitos e sem deveres, isso independentemente de ideologia, inclusive partidária.[53]

Quanto ao direito civil, Silva Sánchez aponta que, com o desenvolvimento da condição de segurado, passou-se a aceitar bem o dano, banalizando-se o dano a uma restituição coberta por uma instituição, além da tendência à padronização que o direito indenizatório passou a adotar.[54] Essas exposições demonstradas pelo autor identificam a necessidade de apuração do caso em concreto e da devida responsabilização daquele que comete diretamente o ilícito, a lesão. Primeiro, porque o seguro arcará com uma possível indenização, a qual não penalizará diretamente o autor do fato, causando sensação de injustiça pela mera reparação e não penalização; segundo, porquanto os tribunais acabam por padronizar esta reparação, não se compulsando mais o caso em concreto, criando-se um sistema de enunciados[55]

[52] A referência a cultura judicial diz respeito ao excessivo acionamento do Poder Judiciário pelos cidadãos e instituições, bem como ao ativismo decisionista praticado pelo Judiciário.

[53] SÁNCHEZ, Jesús María Silva. *A expansão do direito penal:* aspectos nas sociedades pós-industriais. Trad. Luiz Otávio de Oliveira Rocha. 3ª ed. rev. e atual. São Paulo: Editora Revista dos Tribunais, 2013. p. 75-76.

[54] *Ibid.*, p. 77-79.

[55] Streck, um dos principais críticos aos enunciados, defende veementemente a impossibilidade de utilizá-los para permitir uma padronização do direito, para Streck, os enunciados "Laboram com conceitos sem as coisas. Os conceitos antes dos casos" (STRECK, Lenio Luiz. A febre dos enunciados e a constitucionalidade do ofurô! Onde está o furo? In: *Conjur*. São Paulo, 10 set. 2015. Disponível em: <https://www.conjur.com.br/2015-set-10/senso-incomum-febre-enunciados-ncpc-inconstitucionalidade-ofuro>. Acesso em: 04 jan. 2018). E ainda reforça "que os

inalteráveis, gerando, continuadamente, o senso de injustiça por não avaliação do caso em concreto.

Referente ao terceiro e último ponto do descrédito em outras instâncias, o autor afirma que o direito administrativo,[56] em razão de sua burocratização e elevado envolvimento corruptivo, deixa a desejar quanto à sua credibilidade perante os cidadãos, transmitindo uma concepção de que poucos serão agraciados por sua intervenção.[57]

Segue Silva Sánchez colocando como causa da expansão os "gestores atípicos da moral", estes que se diferenciam por atuação de grupos que buscam a responsabilização de determinados movimentos ou atos por meio do direito penal. O autor faz uma relevante crítica ao apontar que grupos que combatiam o antigo gestor atípico da moral (grupos burgueses) passaram a ter influência e a reivindicar a criminalização de condutas, exemplifica com os pacifistas – que pretendem criminalizar a propagação de ideologias violentas –, grupos antidiscriminatórios – que buscam a criminalização de ideologias racistas ou sexistas –, as Organizações Não Governamentais (ONGs) – que em geral protestam contra a violação de direitos humanos em outras partes do mundo.[58]

É perceptível que o autor não critica a criação desses grupos, tampouco que não seja necessária a responsabilização daqueles que cometem os atos pelos quais os referidos grupos são adversos, mas avalia o abuso do direito penal para isso. Inclusive, segue ele afirmando que a criminologia crítica – antigamente fundada em uma teoria abolicionista – acabou por se reinventar em uma prestadora de novos processos de criminalização. Isto é, os grupos que sempre propugnavam por um direito penal mínimo aduzindo que a coação produzida pelo direito penal é inútil e nociva, passaram a clamar por mais direito penal.[59] Não se pode deixar de dizer que há aqui reflexo da causa anteriormente apontada por Silva Sánchez, já que há uma espécie de quebra de ética moral. Os grupos contradizem-se ao afirmar que de-

---

enunciados antecipam sentidos antes de se deparar com os fatos". (STRECK, Lenio Luiz. Por que os enunciados representam um retrocesso na teoria do Direito. In: *Conjur*. São Paulo, 15 out. 2015. Disponível em: <https://www.conjur.com.br/2015-out-15/senso-incomum-professor-aluno-jornalista-selfie-velorio-fujamos>. Acesso em: 04 jan. 2018.

[56] Em uma análise posta por Silva Sánchez, tem-se que sua referência não reflete o direito administrativo em sua forma ampla, mas sim o praticado de fato pela Administração Pública, sem intervenção judiciária. Mecanismos de ações elaboradas pelo Executivo, inclusive Legislativo, de fiscalização e penalização.

[57] SÁNCHEZ, Jesús María Silva. *A expansão do direito penal: aspectos nas sociedades pós-industriais*. Trad. Luiz Otávio de Oliveira Rocha. 3ª ed. rev. e atual. São Paulo: Revista dos Tribunais, 2013. p. 79-80.

[58] *Ibid.*, p. 80-82.

[59] *Ibid.*, p. 83-84.

terminada conduta deve ser evitada, mas quando os atinge, exigem que seja tratada da mesma forma que dos atos que combatem. Há um paradigma ideológico (ou oximoro, dependendo do ângulo de visão crítica). "A atitude da esquerda política: a política social-democrata na Europa" é outro caso de expansão do direito penal. Conforme o autor, na Europa, houve uma real mudança na atuação da esquerda, pois enquanto a direita persistia em um discurso conservador de maior segurança, mais atuação do Estado, a esquerda lutava pela minimização da interveniência estatal, redução, inclusive, do poder punitivo. Contudo, por força do discurso de "lei e ordem na versão da esquerda",[60] esta passou a exigir a criminalização de condutas relacionadas ao crime de colarinho branco, isto é, a esquerda foi uma das propulsoras da expansão do direito penal, embora sua tentativa fosse de equilibrar a penalização da classe pobre à rica, algo que para o autor não se desconhece, a utilização do direito penal deveria ser revista para isso.

O último ponto trazido por Silva Sánchez é "um fator colateral: o gerencialismo", o autor direciona a causa da expansão do direito penal também à ideia de que o direito penal passou a ser o gerenciador das resoluções. As medidas de negociação, desformalização, ideias de privatização, afastaram o real caráter do direito penal.[61] Entretanto – motivo pelo qual não se aprofundará tanto este ponto –, o fundamentado pelo autor é, em parte, causa de expansão do direito penal, porquanto grande fração dos elementos tidos pelo escritor como causa de expansão, parece, em realidade, resultado da expansão.

O ponto principal que deve ser analisado como causa é, de fato, "o desconhecimento da população sobre o processo penal",[62] hodiernamente evidencia-se a manifestação popular no sentido de "quem não deve, não teme", o que seria comum em uma concepção de que o princípio do *in dubio pro reo* seria devidamente concretizado no âmbito do processo penal, contudo, na prática, observa-se a necessidade de o réu fazer prova de sua inocência, mesmo quando ausentes elementos acusatórios para prosseguimento do processo. E este fenômeno de desconhecimento do direito penal, do processo penal, resulta na falsa compreensão de que há um funcionamento do sistema e, inclusive, este funcionamento deveria ser mais restrito, mais duro. Essa falta de amparo com a realidade consubstancia-se pelo desconhecimento da própria Constituição Federal, eixo central do direito penal e proces-

[60] SÁNCHEZ, Jesús María Silva. *A expansão do direito penal: aspectos nas sociedades pós-industriais*. Trad. Luiz Otávio de Oliveira Rocha. 3ª ed. rev. e atual. São Paulo: Revista dos Tribunais, 2013. p. 84-89.

[61] *Ibid.*, p. 89-96.

[62] *Ibid.*, p. 93.

sual penal. Como se pode depreender da pesquisa realizada pelo DataSenado,[63] publicada em outubro de 2013, na qual foram ouvidas 811 pessoas de regiões diversas do Brasil, as quais responderam a algumas perguntas, dentre elas "Como você avalia seu nível de conhecimento sobre a atual Constituição brasileira?", sobre essa questão 5,3% referiram ter alto conhecimento; 50,8% possuiriam conhecimento médio; 35,1% afirmaram ter baixo conhecimento; 7,8% aduziram ter nenhum conhecimento; e 1% não soube ou não quis responder.

Analisando esta pesquisa, verifica-se que 93,7% da população possui conhecimento de conceito máximo "médio" da Constituição Federal, o que, na prática, a porcentagem deve ser superior, já que não houve aplicação de teste para apuração real do conhecimento. Esses dados certamente levam a identificar que a falta de conhecimento da Norma Maior reflete, necessariamente, nas de cunho infraconstitucional e, especialmente, nas teorias do direito (no caso, o penal).

Tudo isso revela que o direito penal se tornou uma espécie de "atalho", capaz de atender demandas sociais por punição. Este atalho empregado especialmente no direito penal, passou a ser utilizado, também, no processo, relativizando garantias processuais. Assim, o próximo subcapítulo destina-se a diagnosticar alguns resultados derivados da expansão do direito penal, para melhor identificar os impactos no direito penal, no direito processual penal, no Estado Democrático de Direito como um todo.

2.2. Alguns resultados derivados da expansão do Direito Penal

É fenômeno naturalístico que toda causa gere algum sintoma, e isso não é diferente na esfera jurídica, tampouco na política. A expansão do direito penal, ao se incrustar na cultura contemporânea do direito penal – como se pôde observar, não só do brasileiro –, produziu resultados que acabam por tolher direitos e garantias do cidadão. Como a sociedade não admite mais determinados riscos, o direito penal está sendo manipulado para reduzir, ao máximo, qualquer sensação de risco, o que gerou uma inegável expansão dos delitos de perigo.

[63] SENADO FEDERAL. DataSenado. *25 anos da Constituição Federal*. Brasília, DF, [2013]. Disponível em: <https://www12.senado.leg.br/institucional/datasenado/arquivos/brasileiros-reconhecem-importancia-da-constituicao-cidada>. Acesso em: 04 jan. 2018.

Por força da incontrolável modernidade, produtora da necessidade de segurança, o risco passa a ser avaliado sob novas formas, já que a sociedade se tornou mais intolerante[64] com atos próprios de sua institucionalização. Fragilizar a noção de perigo em direito penal tende a gerar mais e mais violações de garantias, bem como o afastamento de temas dogmáticos já estruturados.

Os crimes de perigo, que vêm sendo cada vez mais adotados, em especial no Brasil, são resultados de uma estratégia universal da antecipação,[65] denominação realizada por Wildavsky. O autor destaca que, na atualidade, há duas estratégias universais genéricas para se alcançar a segurança desejada, a (i) *resilience strategy* e a (ii) *anticipation strategy*, inclusive capazes de serem aplicadas por diversas formas vivas.[66] A *resilience strategy* – na tradução de Beriain como *capacidad adaptatíva* – ocorre quando o sistema atua primeiro e, ao se deparar com o erro, o corrige, adquirindo segurança e experiência, já a *anticipation strategy* – *anticipación* – é o mecanismo oposto, o sistema tenta evitar, previamente, as ameaças tidas como hipotéticas e não permite experimentos sem garantias prévias contra o erro. Beriain,[67] ao analisar

---

[64] Repisa-se, nos termos do que fora defendido anteriormente, que a intolerância sempre realizou atrocidades no âmbito do Estado, da sociedade. Embora se reconheça que um povo demasiadamente tolerante acaba por se tornar seu algoz – ao passo que aceitará tudo que lhe for imposto –, uma sociedade intolerante acaba por realizar verdadeiras caçadas históricas e modelagens inadequadas, como se verifica com a redução de compreensão de risco permitido. As pessoas não se sujeitam mais a ouvirem o que não desejam, querem responsabilizar aqueles que as contrariam; o conflito entre crianças na escola deixou de ser algo da normalidade na educação para se tornar disputas judiciais. A intolerância possui efeitos funestos para sociedade, tendo Voltaire tido a oportunidade de elencar diversos apontamentos de autoridades sobre a necessidade do tolerar e os abusos do intolerar. Ao final, o autor ainda ressalta, no capítulo XV de sua obra, ao tratar sobre testemunhos contra a intolerância, que "[...] certamente não existe qualquer vantagem em perseguir aqueles que não partilham de nossa opinião e em provocar seu ódio contra nós. Há, portanto, repito mais uma vez, um absurdo na intolerância. Porém, poderá ser dito, aqueles que têm interesse em perturbar as consciências não são absurdos. [...]". (VOLTAIRE. *Tratado sobre a tolerância:* por ocasião da morte de Jean Calas. Tradução de William Lagos. Porto Alegre: L&PM, 2011. p. 89).

[65] Aqui, em um dos primeiros efeitos da crise contemporânea do direito penal, embora esteja diretamente relacionado com o direito penal material, observa-se o caráter da antecipação, fenômeno retomado pela jurisprudência do Supremo Tribunal Federal com a execução provisória da pena. Os efeitos antecipativos vêm sendo altamente aplicados no âmbito do Direito e acabam por contrariar dispositivos constitucionais, como adiante observar-se-á. Ainda, não se pode desconsiderar que os crimes de perigo, especialmente abstrato, prejudicam em muito a concepção de defesa dentro do próprio processo penal, concretizando uma mitigação de garantia processual, como a ampla defesa, uma vez que a concretude do fatos passa a não existir, e a defesa deve ficar restrita a hipóteses.

[66] WILDAVSKY, Aaron. *Searching for safety*: social theory and social policy. Londres: Routledge, 2017. Documento disponível para Kindle.

[67] BERIAIN, Josetxo. El doble sentido de las consecuencias perversas de la modernidad. *In:* BERIAIN. *Las consecuencias perversas de la modernidad*: modernidad, contingencia y riesgo. Org. Josetxo Beriain. Trad. de Celso Sánches Capdequí. Barcelona: Anthropos, 1996. p. 07-29.

o estudo de Wildavsky,[68] reafirma que este depreende que a utilização da estratégia da antecipação viabiliza a criação de novos riscos e impede a análise de "oportunidades de benefícios" que derivam do risco a ser assumido.

Contudo, a utilização descomedida dos delitos de perigo acaba por incitar a já reconhecida crise no âmbito das ciências criminais (total ou global). Anteriormente, ao final do século XIX, a dogmática jurídico-penal era reconhecida como a única ciência na esfera penal, todavia, após este período, houve uma evolução teórica sobre o tema, em que as ciências criminais se constroem pela conjunção da dogmática jurídico-penal – a qual detém o dever puramente jurídico, normativo e dogmático no direito penal – e outras duas ciências auxiliares, da política criminal – incumbida da definição de estratégias de controle social da criminalidade – e da criminologia – destinada ao estudo empírico da criminalidade.[69]

Na contemporaneidade, denota-se que houve a dilatação de uma autonomia entre as esferas constituintes das ciências criminais, não estando mais a dogmática jurídico-penal no centro delas, algo que – de toda forma – não demonstra uma efetiva contrariedade ao sistema penal. Entretanto, a preocupação paira na transposição[70] da política criminal, essa que, além de responsável por estabelecer as estratégias de controle social da criminalidade, passa a influenciar fortemente o próprio direito penal.

Essa circunstância acaba refletindo na condução da estratégia político-criminal na concepção antecipativa do direito penal, como já referido, causando uma preocupante reação duvidosa quanto à legitimidade dos delitos de "pôr-em-perigo",[71] legitimidade suspeita por autorizar tipos penais que restringem direitos fundamentais, "por-

---

[68] A análise exposta por Beriain torna-se ainda mais visível ao compulsar o seguinte trecho escrito por Wildavsky: *"I stress the counterintuitive implications of anticipation as a strategy for securing safe because this should guard us (and policy makers as well) against the facile conclusion that the best way to protect people is always to reduce in advance whatever hypothetical risk may be imagined, rather than enable people to cope in a resilient fashion dangers when, as, and if they manifest themselves. Are we better of doing nothing unless we are absolutely certain it is safe, or are we better of doing as much as we can ruling out only high probability dangers that we can effectively prevent and relying otherwise on our ability to deal with harms as day arise?"* (WILDAVSKY, Aaron. *Searching for safety: social theory and social policy*. Londres: Routledge, 2017. Documento disponível para Kindle).

[69] DIAS, Jorge de Figueiredo. *Direito penal:* parte geral. tomo I. 2ª ed. 2ª reimp. Coimbra: Coimbra Editora, 2012. p. 20.

[70] Dias aponta que a política criminal tornou-se transdogmática, transpositiva e trans-sistemática, passando a agir no padrão crítico tanto do direito constituído, quanto no direito constituendo. (*Ibid.*, p. 35).

[71] *Ibid.*, p. 568.

quanto a sua concreta realização se relaciona com a justa distribuição do *jus puniendi*".[72]

Evidencia-se que os delitos de perigo possuem dicotomia dogmática, porquanto se dividem em tipos de perigo em concreto e abstrato. Os delitos de perigo em concreto possuem a característica de coibir condutas que coloquem o bem jurídico-penal, efetivamente, no raio de ação da conduta perigosa (efeito *ex ante*) e cuja probabilidade de dano ao bem é alta (efeito *ex post*).[73] Já os delitos de perigo abstrato não exigem a existência de um bem jurídico no raio de ação da conduta perigosa, tampouco, consequentemente, requer alta probabilidade de dano ao bem jurídico, mas sim uma "possibilidade não insignificante de dano ao bem jurídico",[74] que é determinada anteriormente, em forma hipotética. Não se desconhece que há validade na existência dos crimes de perigo (abstrato, em concreto, ou outros que a doutrina vem fundamentando), mas que seu uso deve ser moderado e, imprescindivelmente, deve demonstrar uma relação com a proteção a um bem jurídico com dignidade penal.[75]

Por força da expansão do direito penal, por suas causas, o abuso no emprego de delitos de perigo, especialmente o abstrato, reveste-se de um "*standard* de segurança artificialmente elaborado pelo legislador".[76] Assim como a norma pode ser utilizada para proteger bens difusos, acaba, também, tornando-se ação arbitrária do gozo político que, pela preponderância da política criminal – sem cooperação com a dogmática jurídico-penal –, finda por permitir a tipificação de condutas muitas vezes penalmente irrelevantes, sem um bem jurídico penal digno de tutela. Essa antecipação na penalização influencia a estrutura do processo penal, em que restrições de defesa acabam sendo reduzidos, fazendo com que a ampla defesa, constitucionalmente prevista, passe a ser de difícil emprego, porque os tipos penais já não tratam mais de condutas praticadas, mas de situações hipotéticas, há uma espécie de inversão do ônus probatório – também por força da estratégia da antecipação –, em que o réu deve fazer prova da inexistência daquele "perigo abstrato".

---

[72] COSTA, José de Faria. *O perigo em direito penal:* contributo para sua fundamentação e compreensão dogmáticas. Reimp. Coimbra: Coimbra Editora, 2000. p. 568.

[73] D'AVILA, Fábio Roberto. *Ofensividade em direito penal:* escritos sobre a teoria do crime como ofensa a bens jurídicos. Porto Alegre: Livraria do Advogado, 2009. p. 110.

[74] *Ibid.*, p. 112-113.

[75] COSTA, *loc. cit.*, p. 641.

[76] MACHADO, Marta Rodriguez de Assim. *Sociedade do risco e direito penal:* uma avaliação de novas tendências político-criminais. São Paulo: IBCCRIM, 2005. p. 130.

É possível identificar esse reflexo no processo penal, por exemplo, no caso do delito de gestão temerária de instituições financeiras (previsto no art. 4º, parágrafo único, da Lei n. 7.492/1986). O referido tipo penal é delito de perigo, não havendo a necessidade de concretização de qualquer dano para a responsabilização do agente, ocorre que essa circunstância acaba prejudicando o acusado na concretização da ampla defesa, pois não se tem ao certo qual seria o risco lá tutelado, o que seria essa gestão temerária. Mais, caso o agente tivesse praticado o ato temerário em sua gestão e tenha gerado benefícios, pois o risco é próprio do mundo dos negócios, o gestor não seria responsabilizado, enquanto o mesmo gestor que praticou a mesma conduta padeceria.[77] Contudo, o que se percebe é a necessidade do réu demonstrar que o ato não foi temerário, ao contrário da acusação, pois, em regra, embora crime de perigo, grande parte dos processos derivam de condutas que geraram prejuízo, tendo o réu ter de demonstrar que o risco sofrido e o ato praticado estavam dentro da normalidade da administração, ainda que a acusação se prenda apenas ao prejuízo. Novamente há a redução de garantias no processo penal, já que não se leva concretude à denúncia oferecida contra o réu. Os delitos de perigo passaram a abrir a conduta, tendo o acusado ter de se defender de circunstâncias hipotéticas, e não mais concretas.

Outro resultado derivado da expansão do direito penal é a utilização mais abrangente de teorias utilitaristas e da análise econômica do direito.

O utilitarismo, especialmente por Bentham, assume que a base do sistema é norteada pelo princípio da utilidade, o qual se consiste em "construir o edifício da felicidade através da razão e da lei".[78] Bentham edificou a concepção de que somos dominados por dois senhores, o prazer e a dor, este senhorio delimita o agir da humanidade, suas decisões, seus hábitos. O termo *utilidade*, então, detém a carga axiológica de prazer, vantagem, bem, felicidade, necessariamente também pode ser valorada pela inexistência de dor, do mal, do dano. Isso pressupõe dizer que se o interesse da comunidade estabelecerá este conceito de felicidade, aquele indivíduo que tiver conflito de interesse estará sob o manto da infelicidade.[79] O utilitarismo, então, define-se pela soma do interesse de determinados grupos (uma maioria) que passam a im-

---

[77] PHILIPPSEN, Eduardo Gomes. Gestão temerária – a conduta do administrador de instituição financeira em face das normas regulamentares. *Revista de Doutrina da 4ª Região*, Porto Alegre, n. 34, fevereiro. 2010. Disponível em: <http://www.revistadoutrina.trf4.jus.br/artigos/edicao034/eduardo_philippsen.html>. Acesso em: 20 ago. 2018.

[78] BENTHAM, Jeremy. Uma introdução aos princípios da moral e da legislação. Tradução de Luiz João Baraúna. In: *Os pensadores*. 2ª ed. São Paulo: Abril cultural, 1979. p. 04-68.

[79] *Ibid.*, p. 04-68.

por o que é bom e ruim, o que deve ou não deve, sempre na busca pelo prazer "comum".

Não se despreza a relevância do pensamento utilitarista. Mas se há de ressaltar a dificuldade que se dá ao tentar encontrar respostas fortes e contundentes para tais questões, especialmente quando se trata da aplicação de normas constitucionais estabelecidas.

Também se verifica, no atual quadrante histórico, uma maior preocupação com a questão da eficiência no âmbito do Direito e nas ciências criminais. Isso não é desprezível. Cada sociedade, em determinando momento histórico, eleva novas questões e valores para patamares mais elevados.

A análise econômica do direito, capitaneada por Posner, possui uma linha semelhante ao utilitarismo,[80] ocorre que ao invés de se buscar o prazer, a felicidade de uma maioria, foca-se na maximização da riqueza, na "eficiência econômica" que, para o direito e pela teoria, constitui-se "como elemento preponderante para a verificação da legitimidade jurídica".[81] Uma das essenciais diferenças entre a Análise Econômica do Direito (AED) e o utilitarismo de Bentham é a crítica que Posner realiza a esse, na qual se extrai – apesar de reconhecer a importância da utilidade para a economia – que o utilitarismo baseia-se na busca por algo indefinido, isto é, a felicidade. O bem de uma comunidade, então, é conceituado por um seleto grupo, talvez em sua maioria ou de mandantes, não havendo exatidão em sua identificação.[82]

Posner estabelece que a AED consubstancia-se em uma real teoria da justiça, tanto distributiva quanto corretiva, criticando fundamentações contrárias apresentadas por Dworkin e Kannedy sobre a fonte do direito nas relações comerciais serem externas à maximiza-

---

[80] Compreende-se, para fins dessa pesquisa, que a Análise Econômica do Direito, em verdade, é uma teoria utilitária, pois emprega mesmos mecanismos que o utilitarismo de Bentham, apenas com a diferença de almejar resultados financeiros, mas em nome de um bem maior. Essa concepção torna-se ainda mais patente quando da modificação da AED posneriana, quando o autor passa a reconhecer o pragmatismo.

[81] WEDY, Miguel Tedesco. *A eficiência e sua repercussão no direito penal e processo penal.* Porto Alegre: Elegantia Juris, 2016. p. 90.

[82] Posner, ao realizar duras críticas a Shavell's, compulsando um dos exemplos do referido autor, mencionou a importância do utilitarismo para a economia, contudo, também conduziu seu raciocínio para as arbitrariedades desse: "*It is an example of how a commitment to utilitarianism can lead one astray. Utility is a useful concept in economics but the idea that a society should strive to maximize utility (and whose utility? – just members of the society, or foreigners too, or maybe, as the classical utilitarians thought, animals too? – and what about unborn generations?) cannot be taken seriously once one actually starts to think about it*". (POSNER, Richard A. *A review of Steven Shavell's "Foundations of Economic Analysis of Law"*. In: *Journal of Economic Literature.* Vol. 44. n. 2. Jun./2006. p. 405-414. Disponível em: <http://www-jstor-org.ez101.periodicos.capes.gov.br/stable/30032254>. Acesso em: 20 jan. 2018).

ção da riqueza.[83] Contudo, evidencia-se que a AED parece bem aplicável, realmente, às atividades negociais, pois quando se depara com fatos que não envolvem, ao menos diretamente, transações econômicas, acaba por se assemelhar ao utilitarismo.[84]

Tais concepções avançaram e sustentaram boa parte dos argumentos utilizados em desfavor da presunção de inocência e em reformas propostas por setores do Ministério Público Federal.

Exemplo disso é o Projeto de Lei n. 4.850/2016,[85] denominado de "As 10 medidas contra a corrupção", um reflexo dos efeitos da expansão do direito penal. O referido projeto fora apresentado por meio popular, mas sua iniciativa derivou de membros do Ministério Público Federal, os quais apresentaram medidas à sociedade sob pretexto de combater a corrupção. Embora algumas das propostas apresentadas sejam realmente adequadas,[86] em sua maioria há um grupo de medidas ofensivas diante de garantias essenciais ao direito penal e o processo penal.

A primeira medida a ser analisada é a proposta de tipificação do delito de enriquecimento ilícito, que consiste em responsabilizar criminalmente – e este é o grande problema – o funcionário público que não justifique a disparidade excessiva de seu patrimônio com os seus rendimentos. A ideia, se vista superficialmente, parece ser justa e adequada, mas, em verdade, permeia-se em irregularidades jurídicas.

---

[83] POSNER, Richard A. *Utilitarismo, economía y teoría del Derecho*, in: *Estudios Públicos*, nº 69, Santiago de Chile, *Centro de Estudios Públicos*, 1998, p. 234. Disponível em: <https://www.cepchile.cl/cep/site/artic/20160303/asocfile/20160303183632/rev69_posner.pdf>. Acesso em 20 jan. 2018.

[84] GOLDMAN, Diego H. *Análisis económico del derecho penal y derecho penal liberal: confluencias y bifurcaciones*. In: *Revista Derecho Penal y Criminología*. Vol. 38, n. 104, jan.-jun. de 2017, Bogotá, *Universidad Externado de Colombia*. p. 13-74. Disponível em: <https://revistas.uexternado.edu.co/index.php/derpen/article/view/5208/6275>. Acesso em: 31 mai. 2018.

[85] CÂMARA DOS DEPUTADOS, *Projeto de Lei da Câmara dos Deputados n. 4.850, de 2016*. Estabelece medidas de combate à impunidade, à corrupção; altera os Decretos-Leis n. 2.848, de 7 de dezembro de 1940 – Código Penal, e 3.689, de 3 de outubro de 1941 – Código de Processo Penal; as Leis n. 4.717, de 29 de junho de 1965, 4.737, de 15 de julho de 1965, 8.072, de 25 de julho de 1990, 8.112, de 11 de dezembro de 1990, 8.429, de 2 de junho de 1992, 8.906, de 4 de julho de 1994, 9.096, de 19 de setembro de 1995, 9.504, de 30 de setembro de 1997, 9.613, de 3 de março de 1998, e 7.347, de 24 de julho de 1985; revoga dispositivos do Decreto-Lei nº 201, de 27 de fevereiro de 1967, e da Lei nº 8.137, de 27 de dezembro de 1990; e dá outras providências. Disponível em: <http://www.camara.gov.br/proposicoesWeb/prop_mostrarintegra;jsessionid=A04B7230F10F489F98BE357FB84CC043.proposicoesWebExterno2?codteor=1448689&filename=PL+4850/2016>. Acesso em: 21 jan. 2018.

[86] Medidas como a *accountibility* nos tribunais e a responsabilização de partidos políticos e do chamado "Caixa 2" são medidas relevantes para o debate no atual momento histórico. (WEDY, Miguel Tedesco. A constituição, eficiência e garantias nas dez propostas do MPF contra a corrupção. In: *Constituição, sistemas sociais e hermenêutica:* anuário do programa de pós-graduação em direito da unisinos: mestrado e doutorado. Orgs. Lenio Luiz Streck, Leonel Severo Rocha, Wilson Engelmann. Porto Alegre: Livraria do Advogado; São Leopoldo: Unisinos, 2016. p. 169-179).

O Brasil não é o primeiro país a pretender a criminalização desta conduta, Portugal, por exemplo, tentou em diversos momentos consolidar este tipo penal, entretanto, acertadamente, sua Corte Constitucional[87] impediu o prosseguimento da tipificação quando questionada, por controle preventivo de constitucionalidade, sobre sua viabilidade. Esta tentativa foi habitual nos países que compõem a União Europeia, mas são poucos os Estados que firmaram essa possibilidade, já que o tipo penal do enriquecimento ilícito, meramente pela existência de patrimônio desproporcional ao rendimento do funcionário público, pode não proteger bem jurídico penalmente relevante,[88] além de obstaculizar, como decidiu o Tribunal Constitucional português, a presunção de inocência do cidadão.

O projeto também objetivou atacar o direito de defesa, reduzindo recursos penais, inclusive com penalidade de multa ao réu, e mitigar a aplicabilidade da ação autônoma do *habeas corpus*. A pretensão de reduzir as possibilidades de cabimento do *habeas corpus* é, ao que se observa, uma das mais gravosas medidas buscadas pelo Projeto de Lei n. 4.850/2016. Sem dúvida, o maior ataque já ocorrido contra esse instituto desde a sua proibição, durante a Ditadura Militar de 1964. Essas medidas discutidas acima, bem como outras como o vilipêndio às nulidades processuais, o abuso das prisões cautelares, a possibilidade da utilização (inconstitucional) de provas ilícitas, entre outras, tão somente se sustentam por força do senso comum. É indispensável compreender que "[...] o mais correto, o mais justo, é lutar contra a corrupção, mas não transformar as garantias em um inimigo".[89]

---

[87] O Tribunal Constitucional de Portugal, ao ser questionado pelo Presidente da República sobre a constitucionalidade do tipo de enriquecimento ilícito, decidiu ser inconstitucional o tipo, na forma apresentada, uma vez que o tipo presumia a responsabilidade penal do cidadão tão somente por existir diferença patrimonial excessiva incompatível com o percebido formalmente. Para a Corte, o tipo afrontaria diretamente o princípio da presunção de inocência, especificamente o postulado do ônus probatório acusatório, porquanto o réu deveria provar que adquiriu o patrimônio de forma lícita, liberando a acusação de fazer a prova da ilicitude dos valores excedentes constituintes do "enriquecimento ilícito". (Portugal. Tribunal Constitucional. *Acórdão n. 179/2012*. Consulente: Presidente da República Portuguesa. Relator: Conselheiro José da Cunha Barbosa. Lisboa, 04 abr. 2012. Disponível em: <http://www.tribunalconstitucional.pt/tc/acordaos/20120179.html?impressao=1>. Acesso em: 21 jan. 2018).

[88] CAEIRO, Pedro. Sentido e função do instituto da perda de vantagens relacionadas com o crime no confronto com outros meios de prevenção da criminalidade reditícia (em especial, os procedimentos de confisco in rem e a criminalização do enriquecimento "ilícito"). In: *Revista Portuguesa de Ciências Criminais*. Org. Jorge de Figueiredo Dias. Ano 21. n. 2. Abr./Jun. 2011. Coimbra: Coimbra Editora, 2011. p. 267-321.

[89] WEDY, Miguel Tedesco. A constituição, eficiência e garantias nas dez propostas do MPF contra a corrupção. In: *Constituição, sistemas sociais e hermenêutica:* anuário do programa de pós-graduação em direito da unisinos: mestrado e doutorado. Orgs. Lenio Luiz Streck, Leonel Severo Rocha, Wilson Engelmann. Porto Alegre: Livraria do Advogado; São Leopoldo: Unisinos, 2016. p. 169-179.

Sabe-se que, na medida em que a sociedade contemporânea se desenvolve, de forma complexa e muito célere, mecanismos desformalizadores são comuns de serem evidenciados, a fim de reduzir a burocracia e otimizar a atividade pública e, neste ponto, a desformalização soa como interessante.[90]

É nesta visão que se verifica que os reflexos da expansão do direito penal, advindos de uma aplicação incisiva do utilitarismo e da análise econômica do direito. Repete-se, não se despreza a relevância e até acerto dessas bases epistemológicas, especialmente para o ato de legislar. Porém, há certas questões normativas e ontológicas que são essenciais e que dizem respeito ao paradigma civilizatório de uma sociedade. A forma é o escudo defensivo na relação processual-penal, é "[...] garantia. Forma é limite de poder [...]".[91] A desformalização do direito penal e processual vem tomando cada vez mais espaço, integrando parte da crise do direito penal contemporâneo e já apontada há tempo por Franco[92] "[...] novas tendências desfiguram o Direito Penal cuja legitimação está vinculada ao estrito respeito aos princípios consagrados formalmente na Constituição Federal [...]".

Enfaticamente, os elementos apresentados neste capítulo demonstram algumas das causas e dos efeitos derivados da expansão penal, fornecendo uma nova roupagem ao direito penal e processual penal, tornando-o mais suscetível a outros atores do sistema, como a economia e a política, o que acaba por destruir o Direito como uma ciência prático-normativa com certa autonomia. Ela passa a ser um apêndice destituído de valor ante a política e a economia.

Impõe-se, assim, recordar uma ideia de eficiência que seja capaz de equilibrar as ideias acerca do fundamento (relação de cuidado de perigo), da função (proteção subsidiária dos bens jurídicos mais importantes) e da finalidade (alcance da justiça e da paz em cada caso

---

[90] Hassemer e Munõz Conde fazem algumas referências à desformalização como tendência, expondo elementos como a maior atenção aos interesses da vítima e a atividade diferenciada do ato de legiferar. Embora se compreenda como necessária a proteção aos interesses da vítima, discorda-se que a desformalização seja o caminho para tanto, ao contrário, a formalização do direito penal e processual penal constitui garantia maior de ação da própria vítima, por consignar seus interesses e acompanhar de forma adequada o julgamento de seu agressor, inclusive como fiscal para evitar que circunstâncias como a prescrição possam ocorrer. Mais ainda, os autores tratam acerca da nova missão de legislar, em que os legisladores, por força da modernidade, acabam por restabelecer normas penais mais genéricas. (HASSEMER, Winfried. MUNÕZ CONDE, Francisco. *Introducción a la criminología y al derecho penal*. Valencia: Tirant Lo Blanch, 1989. p. 174-175).

[91] LOPES JR, Aury. Sistema de nulidades "a la carte" precisa ser superado no processo penal. *Conjur*. São Paulo, 05 set. 2014. Disponível em: <https://www.conjur.com.br/2014-set-05/limite-penal-sistema-nulidades-la-carte-superado-processo-penal#_edn2>. Acesso em: 28 jan. 2018.

[92] FRANCO, Alberto Silva. Novas tendências do direito penal. In: *Boletim IBCCRIM*. São Paulo, v.5, n.56 esp., p. 2, jul. 1997.

concreto) do direito penal. Quando o fundamento, a função e a finalidade forem atingidas, em cada caso concreto, pode-se dizer que está-se diante da eficiência, capaz de garantir maior legitimidade para o direito penal. Do ponto de vista do processo, é possível afirmar que haverá maior legitimidade quando se tiver eficiência, garantias e justiça em equilíbrio. Por certo que isso não será fácil. Porém, isso também garantirá maior legitimidade democrática e normativa ao processo penal, isto é, um processo penal acusatório que preserve garantias, empodere as partes, chegue ao final e, por fim, em tempo razoável, absolva ou condene conforme as provas lícitas carreadas aos autos.[93] Nesse sentido, o próximo capítulo centrar-se-á em discutir o conceito de eficiência, especificamente na visão do utilitarismo, da análise econômica do Direito e nos julgados do Supremo Tribunal Federal que reconduziram o entendimento sobre o cumprimento provisório da pena ser constitucionalmente aceito, para orientar à resolução do problema aqui proposto.

[93] WEDY, Miguel Tedesco. *A eficiência e sua repercussão no direito penal e em processo penal*. 1ª ed. Porto Alegre: Elegantia Juris, 2016.

3. Eficiência e processo penal diante da retomada da execução provisória da pena

Os motivos e as causas expostos anteriormente servem para identificar, de fato, algumas das características da crise em que o direito penal passa, como circunstâncias que vêm modificando o interesse social e o agir da população, do Estado e, especialmente, do Judiciário. Essas questões estão fazendo com que a população exija do Direito um novo modo de agir, em grande parte ao arrepio da própria Constituição Federal, fazendo com que se construa um novo processo penal, uma nova forma de viabilizar a legitimação do Estado em exercer o *jus puniendi*, utilizando-se de mecanismos incompatíveis com garantias, com a própria concepção de eficiência, a qual deve ser analisada devidamente ao ser aplicada ao processo penal.

A partir dessa influência protagonizada pela globalização, é preciso identificar, em um primeiro momento, o que se tem por eficiência nos dias de hoje. Para tanto, passar-se-á a diagnosticar os dois principais conceitos de eficiência derivados da Análise Econômica do Direito (AED) e do Utilitarismo, além, é claro, da avaliação dos recentes julgados do STF sobre o tema execução provisória da pena.

3.1. A eficiência

A eficiência é termo eminentemente trabalhado pela economia, é das ciências econômicas que se aprofundou a análise de fenômenos que viabilizam uma eficiência do mercado, desde produtividade a índices que permitam computar o alcance de resultados e o atingimento eficaz dos métodos empregados. Portanto, é preciso reconhecer que a economia contribuiu fortemente para a busca de melhores resultados, tanto é que seus conceitos foram absorvidos pelo Direito, seja na constituição das instituições públicas, produzindo análises eficientes do trabalho desenvolvido pelo setor público – inclusive sendo eleito como princípio pelo art. 37 da Constituição Federal –, seja pela influência na jurisdição, em que se reconheceu critério de eficiência econômica no âmbito das instituições jurídicas,[94] por exemplo.

Essa conceituação de eficiência econômica partiu de algumas grandes teorias, sendo as principais retratadas por Cooter e Ulen. Os autores definem que a eficiência econômica pode ser identificada pela produtividade, sendo essa atividade considerada produtiva (i) quando não é possível gerar a mesma quantidade de produção usando determinada combinação de insumos de custo menor; (ii) quando não é possível obter mais produção utilizando a mesma combinação de insumos e, por último, destacam a teoria do (iii) *Pareto efficiency*, que define que a eficiência ocorre quando uma pessoa alcança um estado melhor, sem prejudicar outra pessoa.[95]

A teoria sobre eficiência que acabou consolidando-se por muito tempo foi a de Pareto, contudo, como refere Nieto, na realidade, quase todas as negociações ocorrem com disparidade, isto é, com o desenvolvimento de prejuízo a uma determinada pessoa para que outra possa prosperar. Dessa forma, constatando-se essa situação, os economistas passaram a avaliar a possibilidade de os "ganhadores" compensarem adequadamente os perdedores.[96] Diante dessa faticidade, os economistas Kaldor[97] e Hicks[98] propuseram a teoria da compensação social, a qual se dispõe a realizar o cotejo analítico das modificações dos estados das coisas, tanto para ganhadores, quanto para perdedores, objetivando alcançar a compensação aos perdedores com uma adequada melhoria social, não realizando o efetivo contraste compensatório àqueles preteridos na relação negocial.[99]

Com a evolução das teorias econômicas, especialmente a intitulada de "princípio Kaldor-Hicks", que é aplicada até os dias atuais,

---

[94] Sobre o tema: TIMM, Luciano Benetti. MACHADO, Rafael Bicca. Direito, mercado e função social. In: *Revista da Ajuris*. Porto Alegre, ano 33, n. 103, set. 2006. p. 197-209.

[95] COOTER, Robert. ULEN, Thomas. *Law and economics*. 6ª ed., Berkeley: Berkeley Law Books, 2016. p. 13-14.

[96] NIETO, Rafael Mery. *Notas sobre análisis económico del derecho: una mirada desde américa latina*. In: *Revista de Derecho y Humanidades*, n. 10. Santiago: Editora Patricio Aliste Santi, 2004. p. 121-140. Disponível em: <www.derechoyhumanidades.uchile.cl/index.php/RDH/article/viewFile/17022/17745>. Acesso em 31 de maio de 2018.

[97] KALDOR, Nicholas. *Welfare propositions of economics and interpersonal comparisons of utility*. In: *The Economic Journal*, vol. 49, n. 195, set. 1939. p. 549-552. Disponível em <http://www.jstor.org/stable/2224835>. Acesso em 31 mai. 2018.

[98] HICKS, John R. *A "value and capital" growth model*. In: *The Review of Economic Studies*, vol. 26, n. 03, jun. 1959. p. 159-173. Disponível em: <http://www.jstor.org/stable/2295744>. Acesso em 31 mai. 2018.

[99] NIETO, *loc cit*.

Posner passou a aprofundar a Análise Econômica do Direito (AED),[100] amplamente aplicada no sistema *common law* estadunidense, a fim de encontrar, na economia, a resolução de demandas que advinham do Direito, produzindo, consequentemente, reflexos no sistema jurídico brasileiro, por sua importação.

Todavia, embora a eficiência venha sendo tratada efetivamente pela economia, a filosofia já havia proporcionado elementos que auxiliaram na construção de um conceito de eficiência, especialmente pela teoria do Utilitarismo, com estudos proporcionados por Bentham,[101] com a maximização do prazer e a redução da dor.

Ambas as teorias serão devidamente analisadas no presente estudo, contudo, faz-se necessário, ainda, realizar consideração de que a eficiência, aqui, deverá ser analisada como *"criterio de legitimación de la intervención penal"*,[102] sendo imperioso destacar que o meio legitimador para ingerência do direito penal são dois: (i) a lei, a qual deverá determinar o fato que possua dignidade penal[103], respeitando o preconizado no art. 5º, inciso XXXIX, da Constituição Federal, e (ii) o processo penal, instituído por lei, meio que legitima o agir do Estado na persecução penal,[104] também devidamente protegido constitucio-

---

[100] Visão importante é a levantada por Olsson quanto à AED como um todo, não especificamente de Posner: "A Análise Econômica do Direito (*'Law and Economics'*) pode ser classificada como uma proposta de funcionalismo social de matriz econômica" e segue: "Em um sentido prático, a perspectiva funcionalista passa a se importar com os resultados alcançados e com a maneira de otimizá-los. E o raciocínio custo-benefício e a eficiência (e outros critérios de aferição), se tornam parametrizadores relevantes. Essas ferramentas, advindas da Ciência Econômica (e das modernas teorias de Administração), servem como mecanismo de aferição (de eficiência, de efetividade, de eficácia) e de verificação de possibilidades". OLSSON, Gustavo André. *Análise econômica do direito penal e teoria sistêmica*. Curitiba: Juruá, 2014. p. 30-33.

[101] BENTHAM, Jeremy. Uma introdução aos princípios da moral e da legislação. Tradução de Luiz João Baraúna. In: *Os pensadores*. 2ª ed. São Paulo: Abril cultural, 1979. p. 04-68.

[102] A eficiência como critério de legitimação da intervenção penal está relacionada à questão do resultado da gestão no processo penal. Portanto, é preciso que se reconheça como essa gestão é realizada para derivar seus resultados, legitimando o Estado a utilizar o *jus puniendi* por meio do instrumento legitimador do processo penal. Sobre *"el critério de legitimación de la intervención penal"*, afirma Widow: *"En la actualidad, la orientación a los efectos de las normas aparece como um nuevo criterio de legitimación, que ha comenzado a operar ante las transformaciones del Estado contemporáneo, para hacer frente a la crisis de los criterios tradicionales de justificación de las decisiones públicas. Se entiende que las posibilidades de intervención del Estado deben estar respaldadas por los resultados de su gestión. Y si esto es así en general, con mayor razón en relación con el Derecho penal, dado que constituye la forma más intensa de intervención estatal"*. (WIDOW, María Magdalena Ossandón. *Eficiencia del derecho penal: el caso de los delitos contra el medio ambiente. Revista de Derecho de la Pontificia Universidad Católica de Valparaíso*, Valparaíso, vol. 24, p. 379-394, 2003).

[103] Sobre dignidade penal, já referido: COSTA, José de Faria. *O perigo em direito penal:* contributo para sua fundamentação e compreensão dogmáticas. Reimp. Coimbra: Coimbra Editora, 2000. p.568.

[104] VILELA, Augusto Tarradt. A posição do interrogatório no rito da lei de drogas e sua (in)compatibilidade com o processo penal constitucional: uma crítica à jurisprudência do TJRS, TRF4, STJ e STF. In: *Revista Brasileira de Ciências Criminais*. São Paulo, ano 24, vol. 124, p. 105-121, out. 2016.

nalmente pelo art. 5º, inciso LIV, da Constituição Federal, sendo relevante, para o presente estudo, o meio legitimador do processo penal. E é por isso que se afirma que a eficiência é fenômeno indissociável do processo penal, pois a otimização da legitimidade da intervenção penal é intrínseca ao processo, é imposto pela Constituição Federal quando essa estabelece o devido processo legal, a ampla defesa, o contraditório, a eficiência no agir do Estado, entre tantos outros ônus impostos ao Estado para autorizar o emprego do *jus puniendi*.

Seguindo, então, essa linha de que a eficiência é um instituto otimizador, necessita-se identificar e distinguir os conceitos de eficiência e eficácia para seara jurídica.[105] A eficiência, como mencionado, é o meio otimizador do procedimento para se alcançar o fim/objetivo de determinado processo, é nela que se avaliarão conceitos estratégicos para que os meios empregados na construção do processo – aqui se identifica o processo penal – alcancem seu objetivo. A eficiência, portanto, "[...] é a intenção da melhor ou da máxima realização dos objetivos naquele contexto circunstancial em referência aos efeitos aí possíveis".[106] Já a eficácia, por sua vez, está relacionada à "capacidade de atingir ou realizar os fins/objetivos através dos meios ou instrumentos mobilizáveis".[107] A eficácia, em modo simplificado, é a capacidade geral de se atingir o resultado, sem se observar os meios efetivamente empregados ao caso concreto, sendo aplicável a qualquer instrumento funcional, enquanto a eficiência compulsa os meios aplicados na situação concreta para se alcançar os objetivos/finalidades.

A questão que exsurge, então, é: "quando se fala em eficiência, é muito comum falar-se em indicadores de resultado, de desempenho, de objetivos, de metas. Mas como transmudar tal realidade para o direito penal de forma equilibrada e refletida? Será isso possível?".[108]

---

[105] Apenas para fins de elucidação, vale referir o conceito de eficiência e eficácia para a administração, área que se detém ao estudo da eficiência e eficácia. De acordo com Chiavenato: "[...] Eficácia é uma medida do alcance de resultados, enquanto eficiência é uma medida da utilização dos recursos nesse processo. Em termos econômicos, a eficácia de uma empresa refere-se à sua capacidade de satisfazer uma necessidade da sociedade por meio do suprimento de seus produtos (bens ou serviços), enquanto a eficiência é uma relação técnica entre entradas e saídas. Nesses termos, a eficiência é uma relação entre os recursos aplicados e o produto final obtido: é a razão entre o esforço e o resultado, entre despesa e a receita, entre o custo e o benefício resultante". (CHIAVENATO, Idalberto. *Introdução à teoria geral da administração*: uma visão abrangente da moderna administração das organizações. 7ª ed. rev. e atual. Rio de Janeiro: Elsevier, 2003. p. 155).

[106] NEVES, António Castanheira. O funcionalismo jurídico: caracterização fundamental e consideração crítica no contexto actual do sentido da juridicidade. In: *Digesta*: escritos acerca do pensamento jurídico, da sua metodologia e outros. Vol. 3. Coimbra: Coimbra Editora, 2008. p. 232.

[107] Ibid., p. 232.

[108] WEDY, Miguel Tedesco. *A eficiência e sua repercussão no direito penal e processo penal*. Porto Alegre: Elegantia Juris, 2016. p. 96.

Pode-se dizer que sim, desde que isso se faça com o devido cuidado e apuro. Embora o conceito clássico de eficiência seja derivado da economia, interpretá-la como caráter unicamente econômico é mitigar seu conceito, como, também, seria simplista tão somente importar institutos das ciências econômicas para o âmbito das ciências jurídicas.[109] Destarte, a concepção de eficiência não pode ser afastada simplesmente por possuir um cariz econômico, devendo ser observada dentro dos limites de cada instituto, no caso em tela, a eficiência na esfera do direito processual penal. Por essas questões que se é preciso aprofundar as concepções de eficiência mais relevantes para o Direito, a fim de viabilizar sua melhor aplicabilidade para o direito penal e processual penal.

3.1.1. A eficiência para o utilitarismo

O utilitarismo foi, pode-se assim dizer, desenvolvido por Jeremy Bentham,[110] autor que passou a quebrar conceitos quanto ao direito tradicional, criticando trabalhos realizados por Blackstone. Em sua primeira obra intitulada "Um fragmento sobre governo", Bentham passa a tratar sobre o aperfeiçoamento do Direito, expondo que esse teria condições de evoluir e buscar, com mais efetividade, sua real finalidade.[111]

Contudo, é em sua obra intitulada "Uma introdução aos princípios da moral e da legislação", que Bentham, então, passa a diagnosticar a existência do Princípio da Utilidade, e trabalha sua clássica concepção de que a natureza passou a sujeitar o homem ao domínio de "dois senhores soberanos: a dor e o prazer". Estes dois "seres" norteiam o comportamento humano, pois nossos atos estariam destinados a buscar o prazer e a escapar da dor. Com isso, Bentham afirma

[109] WEDY, Miguel Tedesco. *A eficiência e sua repercussão no direito penal e processo penal.* Porto Alegre: Elegantia Juris, 2016. p. 90.

[110] Outro autor referencial que aprofundou a concepção de utilitarismo foi John Stuart Mill. Bentham e Mill compartilharam estudos, desenvolvendo a teoria do utilitarismo, a qual refletiu na visão radical filosófica. (PICOLI, Rogério Antonio. Utilitarismo, Bentham e a história da tradição. In: *Existência e Arte – Revista Eletrônica do Grupo PET (Ciências Humanas, Estética e Artes da Universidade Federal de São João Del-Rei)*, ano V, n. V. Jan./Dez. de 2010. Disponível em: <https://ufsj.edu.br/portal2-repositorio/File/existenciaearte/Edicoes/5_Edicao/utilitarismos__bentham_e_a_historia_da_tradicao_rogerio_picoli.pdf>. Acesso em: 28 jun. 2018). Entretanto, para o presente trabalho, analisará o trabalho realizado por Bentham, autor que mais longe foi no aprofundamento do utilitarismo.

[111] ROSA, Christian Fernandes Gomes da. Jeremy Bentham e a constituição do conceito de direito no pensamento moderno. In: *Revista Estudos Jurídicos UNESP*. Franca, ano 14, n. 20, 2010, p. 297-310. Disponível em: <https://ojs.franca.unesp.br/index.php/estudosjuridicosunesp/article/view/257>. Acesso em: 09 jun. 2018.

que o Princípio da Utilidade reconhece essa situação e a coloca como fundamento do sistema, no qual o objetivo consistente é "construir o edifício da felicidade através da razão e da lei".[112]

Explicitamente, o Princípio da Utilidade é conceituado por Bentham como:

> [...] princípio que aprova ou desaprova qualquer ação, segundo a tendência que tem a aumentar ou a diminuir a felicidade da pessoa cuja o interesse está em jogo, ou, o que é a mesma coisa em outros termos, segundo a tendência a promover ou a comprometer a referida felicidade. Digo qualquer ação, com o que tenciono dizer que isto vale não somente para qualquer ação de indivíduo particular, mas também de qualquer ato ou medida de governo.[113]

Entretanto, é de extrema relevância identificar que Bentham não defende que a ação do agente que busca o prazer e afasta a dor deva ser aquilatada de maneira individual, isto é, não se permite que cada um aja por si, isso porque se deve levar em consideração o "interesse da comunidade", que será constituído pela soma do interesse dos indivíduos.[114] Este filtro que viabilizaria a concepção de um interesse da comunidade surgiria pela lei, sendo o fenômeno reconhecido pela aplicação do princípio da harmonização artificial dos interesses, em que o legislador, ao produzir a lei, necessariamente está construindo um meio de alcance da felicidade para toda a comunidade.[115]

Bentham, a partir de sua concepção utilitária, realiza uma análise breve sobre os reflexos na punição (explanação mais próxima ao direito penal e processual penal que o filósofo elabora). O autor refere que o caracterizador da lei é o aumento da felicidade global da coletividade, devendo reduzir, por consequência, tudo aquilo que mitiga a felicidade. Todavia, a aplicação de pena é um mal e, se se seguir o princípio da utilidade – que norteia a concepção de que se deve evitar o mal –, a pena só poderá ser aplicada para evitar um mal maior ainda.[116] Avaliando essa análise de Bentham, pode-se dizer que não pode ser tida apenas como economicista,[117] porquanto o prejuízo maior

---

[112] BENTHAM, Jeremy. Uma introdução aos princípios da moral e da legislação. Tradução de Luiz João Baraúna. In: *Os pensadores*. 2ª ed. São Paulo: Abril cultural, 1979. p. 04-68.

[113] *Ibid.*, p. 04-68.

[114] *Ibid.*, p. 04-68.

[115] ROUANET, Sergio Paulo. Dilemas da moral iluminista. In: NOVAES, Adauto (Org.). *Ética*. São Paulo: Companhia das Letras, 1992. p. 496.

[116] BENTHAM, *loc. cit.*, p. 04-68.

[117] A punição, para Bentham, deve passar por uma análise inicial que não contempla, necessariamente, uma visão econômica. Observa-se que o autor coloca como possível de punição tão somente o ato pernicioso, circunstância que deve ser levada em conta pelo desejo do interesse da comunidade. Apenas após essa verificação inicial (WEDY, Miguel Tedesco. *A eficiência e sua repercussão no direito penal e processo penal*. Porto Alegre: Elegantia Juris, 2016. p. 113), é que se adentraria na verificação dos requisitos de cariz mais funcional.

referido pelo filósofo não possui cariz econômico, mas de bem-estar e de bem-viver.[118]

E isso é mais certo na medida em que Bentham reafirma que sua concepção de homem *"es la de un ser que anhela la felicidad, tanto en el éxito como em el fracaso [...]"*.[119] Ao tratar sobre a riqueza considerada em seu valor, Bentham assevera que os conceitos de riqueza e valor explicam-se entre si, pois para que algum item possa ser levantado a um montante de riqueza, deverá possuir valor e, para possuir valor, necessita ter alguma utilidade. Dessa forma, se um item não possui utilidade, não pode ser considerado com valor e, portanto, não se reconhece como riqueza.[120] Por conseguinte, tem-se que levando à análise que Bentham toma como útil aquilo que traz felicidade ao interesse da comunidade, determinados atos podem levar em consideração circunstâncias que não maximizam a riqueza (verificando a visão economicista), mas tão somente a felicidade, não podendo haver confusão entre a visão econômica do direito para a utilitária.

Assim, analisando-se as constatações traçadas por Bentham e importando-as para a visão processual penal, é perceptível que o processo penal seria utilizado para legitimar o Estado a penalizar condutas que gerariam um mal maior ainda do que a própria pena. Veja-se que se o objetivo do utilitarismo é aplicar meios que maximizem a felicidade, sendo o instrumento a norma, a lei poderia prever circunstâncias que violariam outros tantos princípios (como o princípio da dignidade da pessoa humana, a exemplo), simplesmente porque há constituição de um interesse da comunidade. Dessa forma, a visão utilitarista poderia afastar aplicação de garantias conquistadas, por mera concepção de maximização de utilidade estabelecida por uma maioria e sem critério algum. Entretanto, há um ponto importante a ser levado em consideração na visão utilitária, Bentham reconhece a lei como meio de estabelecer o interesse da comunidade no agir permanente[121] (que tenha continuidade, situação que se amolda o processo), isso leva a depreender que o magistrado, no exercício de sua jurisdição, não poderia contrariá-la, sob pena de afrontar o princípio da utilidade.

---

[118] WEDY, Miguel Tedesco. *A eficiência e sua repercussão no direito penal e processo penal*. 1ª ed. Porto Alegre: Elegantia Juris, 2016. p. 135.

[119] BENTHAM, Jeremy. *Escritos económicos*. Trad. Francisco J. Pimentel. Ciudad del México: Fondo de Cultura Económica, 1965. p. 03.

[120] Ibid., p. 90.

[121] BENTHAM, Jeremy. Uma introdução aos princípios da moral e da legislação. Tradução de Luiz João Baraúna. In: *Os pensadores*. 2ª ed. São Paulo: Abril Cultural, 1979. p. 04-68. Especificamente p. 64.

3.1.2. *A eficiência para a Análise Econômica do Direito (AED)*

A Análise Econômica do Direito, aprofundada por Posner,[122] é uma "teoria da justiça", embora o autor não refira expressamente como teoria da justiça, pois se refere à *"moral theory"*, uma rearticulação das teorias contratualistas.[123] O autor estadunidense possui dois estágios teóricos: o primeiro derivado dos estudos expressos na obra *Economics of Justice* e *Economic analysis of law*, nessas primeiras obras, Posner estava centrado na ideia da eficiência como critério de maximização da riqueza, o que poderia ser reconhecido como um postulado de Justiça. Posteriormente, já nos anos de 1990, o autor passa a adotar um novo tom, afastando-se da construção da maximização da riqueza e partindo para uma visão pragmática do Direito, época em que surgem as obras *The problems of jurisprudence, Overcoming law* e *Law, pragmatism and democracy*.[124]

Posner, em início de seus estudos, direcionou a teoria da Análise Econômica do Direito para a visão de maximização de riqueza, fazendo duras críticas ao Utilitarismo que, em sua visão, é repugnado pelos filósofos morais, pois suscita "invasões explícitas da liberdade individual, seja em nome da felicidade dos animais, da felicidade do 'monstro utilitário' de Nozick, ou sobre as especulações de Bentham [...]".[125] Posner reforça que a substituição do utilitarismo pela riqueza é positiva, ainda que seja imperfeita, porquanto se funda em um modelo de transação voluntária de mercado, envolvendo um respeito "às escolhas individuais maior do que se vê no utilitarismo".[126]

A maximização da riqueza, apontada por Posner como eficiência para AED,[127] arranca de uma concepção monetária, havendo o envolvimento entre a justiça e a alavancagem da riqueza,[128] implicando

---

[122] A Análise Econômica do Direito possui diversos segmentos, tendo muitos estudiosos aprofundado seu estudo, entretanto, o foco central para a presente pesquisa é a AED liderada por Richard Posner, um dos teóricos que popularizou a teoria. Sobre os demais autores clássicos, destacam-se: Aaron Director, Ronald Coase, Guido Calabresi e Gary Stanley Becker.

[123] SALAMA, Bruno Meyerhof. A História do Declínio e Queda do Eficientismo na Obra de Richard Posner. In: LIMA, Maria Lúcia L. M. Pádua (org.). *Trinta Anos de Brasil:* Diálogos entre Direito e Economia. São Paulo: Saraiva, 2012. Republicado: Revista do Instituto do Direito Brasileiro da Faculdade de Direito da Universidade de Lisboa (RIDB), n. 1, 2012. Disponível em: <https://works.bepress.com/bruno_meyerhof_salama/35/>. Acesso em: 31 mai. 2018.

[124] SANTOS FILHO, Sirio Vieira dos. A eficiência sob a perspectiva da análise econômica do direito. In: *Revista Justiça do Direito*, vol. 30, n. 02, mai./ago. 2016, p. 210-226. Disponível em: <www.seer.upf.br/index.php/rjd/article/download/6040/3711>. Acesso em: 30 mai. 2018.

[125] POSNER, Richard A. *A economia da justiça.* Trad. De Evandro Ferreira e Silva, revisão da tradução de Aníbal Mari. São Paulo: Editora WWF Martins Fontes, 2010. p. 79.

[126] *Ibid.*, p. 79.

[127] *Ibid.*, p. 244.

[128] SANTOS FILHO, *loc. cit.*

uma distribuição inicial de direitos individuais, como vida, trabalho e liberdade, mercados livres que permitem a realocação periódica para outros usos, um sistema de recursos legais para dissuadir e retificar o atropelo de direitos, e um sistema de moralidade pessoal para reduzir os custos de transação do mercado.[129]

Nesse primeiro momento de sua teoria, Posner faz referências ao Direito Penal, demonstrando sua relação à maximização da riqueza e propondo exemplos práticos para compreensão do que depreende:

> Essa discussão é importante para saber se a utilidade que um ladrão obtém de seu furto deveria ser levada em conta no planejamento de um sistema eficiente de penas. Se todos os frutos fossem meras transferências pecuniárias coercivas em cenários de baixos custos transnacionais, a utilidade para o ladrão não mereceria consideração, pois furtos assim não geram riqueza. Mas nem todos os furtos são dessa espécie. Consideramos o exemplo anterior, da pessoa que está perdida na floresta e invade uma choupana desocupada para roubar comida de que precisa para sobreviver. O custo de uma negociação com o proprietário seria proibitivo e o furto é maximizador de riqueza, já que comida, em um sentido estritamente econômico, vale mais para o ladrão que para o dono. Isso não significa que o ladrão não deva sair impune (podemos querer puni-lo para nos certificarmos de que ninguém roubará, exceto se o ato for maximizador da riqueza, isto é, se render para o ladrão um ganho maior que o prejuízo da vítima), mas apenas que a pena deveria ser estipulada de modo a coibir-se o furto, exceto quando este for maximizador da riqueza. Do contrário, se o furto jamais tivesse valor social, o único limite para a intensidade da pena seria os custos de sua execução.[130]

Nesse ponto, Posner, então, faz uma breve análise sobre a questão do Direito Penal, questionando, no âmbito das sociedades primitivas e origens do sistema de justiça, qual seria a razão, por exemplo, do Estado responsabilizar penalmente um indivíduo por ter ferido outro. Em primeiro momento, sua análise parte para a concepção de que o Estado forneceria uma espécie de serviço de segurança ao cidadão, sendo esse ofendido, deveria se responsabilizar aquele que praticou a ofensa, entretanto, descarta essa hipótese, por reconhecer que para tanto existiria o sistema compensatório,[131] o qual poderia ser aplicado. Surge, então, a explicação econômica para que haja esse ato, a qual seria a lógica de que homicídios e lesões sofridos pelos súditos – ressalta-se que a análise realizada por Posner é quanto às sociedades

---

[129] NIETO, Rafael Mery. *Notas sobre análisis económico del derecho*: una mirada desde américa latina. In: Revista de Derecho y Humanidades, n. 10. Santiago: Editora Patricio Aliste Santi, 2004. p. 121-140. Disponível em: <www.derechoyhumanidades.uchile.cl/index.php/RDH/article/viewFile/17022/17745>. Acesso em 31 de maio de 2018.

[130] POSNER, Richard A. *A economia da justiça*. Trad. De Evandro Ferreira e Silva, revisão da tradução de Aníbal Mari. São Paulo: Editora WWF Martins Fontes, 2010. p. 80-81.

[131] O sistema compensatório, para Posner, é a aplicação da responsabilidade civil, por exemplo, em que um indivíduo compensa o dano causado por meio de alguma medida reparatória.

primitivas – geram ao soberano custos, inclusive com a perda de arrecadação, produzindo consequente redução de riqueza.[132]

Embora o autor ressalte que se está tratando de sociedades primitivas, é importante identificar que há, em sua teoria, a relação de sua explicação com a criação do sistema penal, em que teria sido criado para "internalizar essa externalidade",[133] demonstrando, então, que o sistema penal seria apenas um meio de viabilizar a maximização da riqueza. Posner assevera, após sua análise, que:

> É mais fácil, contudo, explicar o grande valor da eficiência para a sobrevivência da sociedade no mundo primitivo do que fazê-lo em relação ao nosso mundo. As sociedades eficientes são mais ricas que as ineficientes (esse é o significado de eficiência) [...].[134]

Sendo assim, se a eficiência é, para Análise Econômica do Direito, a maximização da riqueza, dever-se-ia reconhecer que o direito penal e, consequentemente, o processo penal são meios empregados tão somente para autorizar a maximização da riqueza do Estado, possuindo um fim eminentemente econômico.

A teoria de Posner, em sua primeira fase, passa por uma forte crítica, especialmente proferida por Dworkin, já que afirma que a teoria da maximização da riqueza não é capaz de representar um componente do valor social, decorrente do problema de circularidade da maximização da riqueza na tentativa de produzir um sistema de direitos.[135]

Embora Posner rechaçasse as críticas, a partir dos anos de 1990, passa a modificar a base central de sua teoria, a começar desse momento, sua teoria centra-se no pragmatismo,[136] em que o autor defende

---

[132] POSNER, Richard A. *A economia da justiça.* Trad. De Evandro Ferreira e Silva, revisão da tradução de Aníbal Mari. São Paulo: Editora WWF Martins Fontes, 2010. p. 242-243.

[133] Importante referir que o termo "externalidade" é utilizado na economia para explicar os efeitos dela derivados a terceiros. Isto é, Posner, nesse momento, afirma que o Direito Penal é utilizado, na visão econômica, para absorver esses efeitos externos e responsabilizar aqueles que o produzem. (POSNER, Richard A. *A economia da justiça.* Trad. De Evandro Ferreira e Silva, revisão da tradução de Aníbal Mari. São Paulo: Editora WWF Martins Fontes, 2010. p. 243).

[134] *Ibid.* p. 243.

[135] DWORKIN, Ronald. Is wealth a value? In: *The Journal of Legal Studies*, vol. 09, n. 02, *Change in the common law: legal and economic perspectives*, mar. 1980. p. 191-226.

[136] Posner realiza uma análise entre o pragmatismo filosófico e o cotidiano. Ao passo que faz sua fundamentação, inclina-se favorável ao pragmatismo cotidiano, o qual é "[...] a atitude mental denotada pelo uso popular da palavra 'pragmático', significando uma visão prática, do tipo usada nos negócios, direta e desdenhosa da teoria abstrata e da pretensão intelectual, desprezando os moralizadores e os sonhares utópicos", o autor ainda, quanto às duas visões do pragmatismo, refere que: "É bem verdade que o pragmatismo, do tipo filosófico ou cotidiano, e seja o primeiro ortodoxo ou não ortodoxo, não possui limites morais. Mas vejo isso não como uma crítica, mas como um passo essencial para reenfocar a teoria legal e política. O pragmatismo nos ajuda a ver que o sonho de usar a teoria para guiar e restringir a ação política, inclusive judicial, é só isso – um sonho. Se a ação po-

que, nos *hard cases*, os magistrados devem alcançar, em seu julgamento, um resultado razoável, não havendo a necessidade de comprovação concreta da certeza. Sua teoria passa a reconhecer a objetividade como atributo político e cultural, não tendo cariz epistemológico das decisões legais. É nesse momento que o processo jurídico, para Posner, passa a ser sem formalidades, funcional, imerso na política e sem caráter legalista, naturalista e cético, mas não cínico.[137]

Com a reformulação de sua teoria, Posner reconhece que o valor objetivado na AED está vinculado à ideia do bem-estar social, sendo circunstância de agregação do índice de utilidade produzido por cada agente de determinada sociedade, por força de motivos derivados da razão política, jurídica ou social.[138] Em razão dessa nova perspectiva, a Análise Econômica do Direito passou a se aproximar ainda mais do Utilitarismo de Bentham, havendo, em determinadas situações, a confusão entre o bem-estar da AED e a felicidade do Utilitarismo. A teoria econômica neoclássica parte para consideração de que agentes socioeconômicos racionais detêm preferências para satisfazerem suas necessidades, a partir de níveis de utilidade em situações concretas e específicas.[139]

Posner não é o único, dentro da teoria econômica, que almejou o Direito Penal; Becker desenvolveu estudos em que afirmava que aquele que comete delitos, responde a incentivos, sejam eles negativos, sejam eles positivos, sendo que o volume de delitos praticados influencia na realocação de recursos privados e públicos para o controle da aplicação da lei, fazendo com que se tenha de investir mais com o sistema judiciário, segurança pública e privada, políticas de prevenção ao delito, sistema penitenciário, entre tantos outros pontos.[140]

---

lítica for para ser restringida, isso tem que ser por fatores psicológicos, profissionais e institucionais em vez de por uma conversa que leve a um consenso moral e político. Devemos aceitar a pluralidade irredutível de metas e preferências dentro de uma sociedade moralmente heterogênea como a dos Estados Unidos, e prosseguir a partir desse ponto". (POSNER, Richard A. *Direito, pragmatismo e democracia*. Trad. Teresa Dias Carneiro. Rio de Janeiro: Forense, 2010. p. 38-43).

[137] POSNER, Richard A. *El análisis económico del derecho*. Tradução de Eduardo L. Suárez. 2ª ed. México: FCE, 2007. p. 37-38.

[138] BOTELHO, Martinho Martins. A eficiência e o efeito kaldor-hicks: a questão da compensação social. In: *Revista de Direito, Economia e Desenvolvimento Sustentável*, vol. 02, n. 01, Brasília, Jan./Jun. 2016. p. 27-45.

[139] *Ibid.*, p. 27-45.

[140] Becker, em sua pesquisa, realiza estudo sobre o impacto econômico do crime e apresenta alguns desses em uma lista de custos a qual pode ser dividida da seguinte forma: "*the relations between (1) the number of crimes, called 'offenses' in this essay, and the cost of offenses, (2) the number of offenses and the punishments meted out, (3) the number of offenses, arrests, and convictions and the public expenditures on police and courts, (4) the number of convictions and the costs of imprisonments or other kinds of punishments, and (5) the number of offenses and the private expenditures on protection and apprehension [...]*". (BECKER, Gary S. *Crime and punishment: an economic approach*. In: *Journal*

Nieto ressalta que Becker afirma que a eleição entre a prática de condutas legais e ilegais está associada, para o autor do delito, entre outros fatores, à probabilidade de ser preso, condenado e castigado, influenciando ao cometimento ou não de determinado delito. A pena atribuída ao delito cometido, os rendimentos provenientes do ilícito e, em geral, outros fatores como sua disposição ao cometimento do delito,[141] a verdade é que, sobre eficiência, pouco se abordou na teoria de Becker.[142]

A concepção de eficiência fornecida por Posner, em sua grande aplicabilidade, não é equivocada, há grande produtividade se aplicada ao meio institucional, da administração em si, da gestão de recursos, ocorre que a eficiência como circunstância otimizadora da legitimidade de aplicação do direito penal pelo Estado não pode absorver essa conceituação, porque a finalidade do direito penal não é a mesma da economia.

Aprofundando a análise de Posner, pode-se dizer que a função do direito penal, sob aspecto da teoria da AED, é criar custos adicionais para as condutas ditas ilícitas quando outros meios de responsabilização não suprissem sua necessidade, procurando atingir a eficiência. Ou seja, para a AED, "quanto maior o preço (penas), menor o número de bens agredidos ou de delitos praticados. O aumento das penas ou o aumento da probabilidade de imposição de pena (redução da impunidade) diminuiria o número de delitos praticados".[143]

Tem-se, então, que a AED passa a aproximar-se do Utilitarismo significativamente, alinhando os conceitos de eficiência do bem-estar e da felicidade. Ocorre que essa visão do bem-estar, derivada de uma eficiência meramente econômica, de acordo com Rosa e Marcelino Jr., acaba por relegar a segundo plano as garantias fundamentais,[144]

---

of Political Economy, n. 76, n. 02, mar./abr. 1968. p. 169-217. Disponível em: <https://www.journals.uchicago.edu/doi/pdfplus/10.1086/259394>. Acesso em: 31 mai. 2018).

[141] NIETO, Rafael Mery. *Notas sobre análisis económico del derecho: una mirada desde américa latina*. In: *Revista de Derecho y Humanidades*, n. 10. Santiago: Editora Patricio Aliste Santi, 2004. p. 121-140. Disponível em: <www.derechoyhumanidades.uchile.cl/index.php/RDH/article/viewFile/17022/17745>. Acesso em 31 de maio de 2018.

[142] O único ponto em que Becker realmente trata sobre eficiência, é quando refere que: *"The conclusion that "crime would not pay" is an optimality condition and not an implication about the efficiency of the police or courts; indeed, it holds for any level of efficiency, as long as optimal values of p and f appropriate to each level are chosen"*. (BECKER, Gary S. *Crime and punishment: an economic approach*. In: *Journal of Political Economy*, n. 76, n. 02, mar./abr. 1968. p. 169-217. Disponível em: <https://www.journals.uchicago.edu/doi/pdfplus/10.1086/259394>. Acesso em: 31 mai. 2018).

[143] WEDY, Miguel Tedesco. *A eficiência e sua repercussão no direito penal e processo penal*. 1ª ed. Porto Alegre: Elegantia Juris, 2016. p. 99.

[144] MARCELINO JR., Julio Cesar. ROSA, Alexandre da. *O processo eficiente na lógica econômica:* desenvolvimento, aceleração e direito fundamentais. Florianópolis: Empório do Direito Editora, 2015. p. 118.

circunstância que se agrava no processo penal, em que a preservação de garantias deve estar ainda mais consagrada, já que são as limitações do agir do Estado.

A eficiência derivada da Análise Econômica do Direito acabou influenciando o Direito Penal ocidental, que por força da necessária resolução célere exigida pela população, passou a utilizar de estratégias preventivas, como a antecipação de risco por meio dos delitos de perigo.[145] Entretanto, há mais ainda a que se preocupar, como será possível verificar doravante, o bem-estar social, produção da maximização da riqueza da AED, acabou inundando o processo penal, permitindo que o Judiciário, abusando da referida teoria, acabasse por decidir buscando a aprovação popular, ignorando os preceitos legais e constitucionais, inexistindo aquilo que inicialmente Posner pretendeu, que fora desenvolver uma teoria que não fosse meramente discricionária como o Utilitarismo.

A teoria – que visava a realizar a análise de *"costo social del delito"*[146] fora transmutada para viabilizar o descarte da norma para que o Judiciário pudesse interpretá-la conforme o "bem-estar" por eles compreendidos, circunstância incompatível com o Estado Democrático de Direito estabelecido na Constituição Federal, sendo um dos motivos fundamentais que impede a aplicabilidade da eficiência meramente econômica como critério de legitimação do direito penal e sua otimização.

Em uma concepção processual penal, na visão pragmática de Posner, o juiz poderá otimizar o processo consoante compreender, levando em considerações a razoabilidade e questões políticas e culturais, o que permitiria a abertura do processo e mitigação da legislação. Assim, seria legítimo que o Judiciário pudesse sobrepor sua decisão às garantias, em nome de uma defesa social, desde que se identifique como adequada (política e culturalmente) e razoável. Entretanto, não se pode desconsiderar que Posner faz uma análise sobre a estrutura jurídica do *common law* estadunidense, isto é, o Judiciário construirá a fonte direta do Direito, diferentemente do que ocorre do Direito brasileiro, cuja base é a lei, a qual todos estão subordinados.

---

145 WEDY, Miguel Tedesco. *A eficiência e sua repercussão no direito penal e processo penal*. Porto Alegre: Elegantia Juris, 2016. p. 98.

146 GOLDMAN, Diego H. *Análisis económica del derecho penal y derecho penal liberal: confluências y bifurcaciones*. In: *Derecho penal y criminologia*, vol. 38, n. 104, 2017, Bogotá. p. 13-74. Disponível em: <https://revistas.uexternado.edu.co/index.php/derpen/article/view/5208/6275>. Acesso em: 31 mai. 2018.

3.1.3. *A eficiência penal, o utilitarismo e a execução provisória da pena*

A partir deste tópico, analisar-se-á a interpretação do Supremo Tribunal Federal quanto à eficiência no processo penal. Para tanto, serão selecionados casos notoriamente conhecidos, que, inclusive, modificaram posicionamento antigamente consolidado pela Corte Suprema quanto à execução antecipada da pena. A mudança jurisprudencial quanto à viabilidade da antecipação da execução da pena no processo penal fora recentemente retomada e, para tanto, será imprescindível a análise das decisões proferidas no *habeas corpus* (HC) n. 126.292/SP e nas ADCs n. 43 e 44, essas duas últimas que, até o momento da análise desses julgados, tiveram apenas decisões sobre pedidos liminares, bem como sobre outras decisões que possam vir a contribuir para a compreensão do retorno desse entendimento.

Sabe-se que o Supremo Tribunal Federal, desde 2009, havia consolidado o entendimento, por meio do HC n. 84.078/MG,[147] de relatoria do Min. Eros Grau, de que o cumprimento da pena antes do trânsito em julgado seria considerado inconstitucional, por afrontar o art. 5º, inciso LVII,[148] e o art. 1º, inciso III,[149] ambos da Constituição Federal, o que levou a ser concedida a ordem no referido *habeas corpus*, nos termos do voto do relator, tendo sido vencidos os Ministros Menezes Direito, Cármen Lúcia, Joaquim Barbosa e Ellen Gracie.

Consoante o fundamento do Min. Eros Grau, na oportunidade, o Supremo Tribunal Federal estabeleceu seu posicionamento contra a possibilidade da execução provisória da pena, sendo possível tão somente a prisão quando presentes os motivos cautelares, afastando a argumentação de que o art. 637[150] do Código de Processo Penal, ao estabelecer que o recurso extraordinário não possui efeito suspensivo,

[147] BRASIL. Supremo Tribunal Federal. *Habeas Corpus n. 84.078/MG*, do Tribunal Pleno. Paciente: Omar Coelho Vitor. Coator: Superior Tribunal de Justiça. Relator: Min. Eros Grau. Brasília, 05 de fev. de 2009. Disponível em: <http://redir.stf.jus.br/paginadorpub/paginador.jsp?docTP=AC&docID=608531>. Acesso em 11 de jun. 2018.

[148] Art. 5º Todos são iguais perante a lei, sem distinção de qualquer natureza, garantindo-se aos brasileiros e aos estrangeiros residentes no País a inviolabilidade do direito à vida, à liberdade, à igualdade, à segurança e à propriedade, nos termos seguintes: [...] LVII – ninguém será considerado culpado até o trânsito em julgado de sentença penal condenatória.

[149] Art. 1º A República Federativa do Brasil, formada pela união indissolúvel dos Estados e Municípios e do Distrito Federal, constitui-se em Estado Democrático de Direito e tem como fundamentos: [...] III – a dignidade da pessoa humana.

[150] Art. 637. O recurso extraordinário não tem efeito suspensivo, e uma vez arrazoados pelo recorrido os autos do traslado, os originais baixarão à primeira instância, para a execução da sentença.

permitiria que a pena pudesse passar a ser cumprida a partir da decisão de segundo grau.

O Ministro Eros Grau destacou que diversos outros textos legais infraconstitucionais possuíam direcionamento diferenciado do que se pretendia dar ao art. 637 do CPP, tais como o art. 105[151] da Lei de Execuções Penais (LEP), que condiciona a execução da pena ao trânsito em julgado da sentença condenatória, também o art. 147[152] da mesma lei destaca, em repetidos termos, o necessário trânsito em julgado para cumprimento das penas restritivas de direito. Acrescentou-se a essa circunstância que o art. 5º, inciso LVII, da Constituição Federal é explícito ao determinar que ninguém será considerado culpado até o trânsito em julgado de sentença penal condenatória. O ministro destacou que haveria, ainda, contrariedade no posicionamento do Supremo Tribunal Federal, que vinha reconhecendo não haver a possibilidade de antecipação das penas restritivas de direitos, mas viabilizava a execução da pena privativa de liberdade – o que seria muito mais severo.

Destacando a origem repressiva das normas que foram instituídas na década de 90 (Leis nºs 8.038/90 e 8.072/90), que modificaram textos legais, até mesmo afastando o efeito suspensivo do recurso extraordinário, o julgador fundamentou que foram derivadas de momento social notadamente complexo, os quais decorreram dos casos Abílio Diniz, em São Paulo, e Roberto Medina, no Rio de Janeiro. Concluindo, ressaltou que o Supremo Tribunal Federal não pode ceder a pressões populares, e que tão somente desafetos à Constituição Federal poderiam negá-la, especialmente em momentos de exaltação. Para o relator do *habeas corpus* referido, é evidente que, mesmo que houvesse interpretação de que a legislação infraconstitucional permitiria a execução antecipada da pena, essa nunca poderia preponderar ante o texto expresso da Constituição Federal.

O voto norteador do posicionamento firmado em 2009 fora acompanhado pela maioria dos Ministros da Suprema Corte, consolidando o entendimento de que seria inconstitucional a execução antecipada da pena.

Pelos fundamentos consolidados na decisão final do HC n. 84.078/MG, é possível identificar que a preocupação do Supremo Tri-

[151] Art. 105. Transitando em julgado a sentença que aplicar pena privativa de liberdade, se o réu estiver ou vier a ser preso, o Juiz ordenará a expedição de guia de recolhimento para a execução.

[152] Art. 147. Transitada em julgado a sentença que aplicou a pena restritiva de direitos, o Juiz da execução, de ofício ou a requerimento do Ministério Público, promoverá a execução, podendo, para tanto, requisitar, quando necessário, a colaboração de entidades públicas ou solicitá-la a particulares.

bunal Federal era com a concretização dos preceitos constitucionais, com a aplicação das garantias e das normas impositivas. Tratava-se, pois, de uma fundamentação normativa e principiológica. É possível se depreender tal base epistemológica da própria fundamentação do relator do acórdão, o Min. Eros Grau:

> A antecipação da execução penal, ademais de incompatível com o texto da Constituição, apenas poderia ser justificada em nome da conveniência dos magistrados – não do processo penal. A prestigiar-se o princípio constitucional, dizem, os tribunais [leia-se STJ e STF] serão inundados por recursos especiais e recursos extraordinários, e subseqüentes embargos e agravos, além do que "ninguém mais será preso". Eis aí o que poderia ser apontado como incitação à "jurisprudência defensiva", que, no extremo, reduz a amplitude ou mesmo amputa garantias constitucionais. *A comodidade, a melhor operacionalidade de funcionamento desta Corte não pode ser lograda a esse preço.*[153] (grifo meu)

Para o julgador, a melhor operacionalidade da Suprema Corte está focada no cumprimento das normas processuais penais e no impedimento da amputação das garantias constitucionais. A decisão, portanto, pautou-se por uma base principiológica, de eficiência restrita aos ditames constitucionais e renegadora dos conceitos estatísticas ou funcionais, justificando que essa compreensão estaria vinculada apenas à conveniência dos julgadores.

O Min. Celso de Mello também convalida seu voto nesse sentido, expõe que não se pode confundir a prisão cautelar com a prisão penal, pois a primeira possui requisitos para que possa ser aplicada ao caso em concreto, nunca podendo ser utilizada para antecipar a condenação, enquanto a prisão penal só pode ser derivada de condenação transitada em julgado, uma vez que "a condição jurídica de pessoa submetida a atos de persecução penal, mesmo perante órgãos da Polícia Judiciária, não lhe suprime nem lhe afeta a posição de sujeito de direito e de titular de garantias indisponíveis". Nessa linha, o Ministro reafirma que é necessária a observância à cláusula constitucional do não reconhecimento de culpa sem o trânsito em julgado de sentença penal condenatória, porque integrante ao *due process of law*, o qual representa de um lado, "fator de proteção aos direitos daquele que sofre a persecução penal" e do outro "traz [...] requisito de legitimação da própria imposição de medidas restritivas de direitos ou de sanções privativas de liberdade".[154]

---

[153] BRASIL. Supremo Tribunal Federal. *Habeas Corpus n. 84.078/MG*, do Tribunal Pleno. Paciente: Omar Coelho Vitor. Coator: Superior Tribunal de Justiça. Relator: Min. Eros Grau. Brasília, 05 de fev. de 2009. Disponível em: <http://redir.stf.jus.br/paginadorpub/paginador.jsp?docTP=AC&docID=608531>. Acesso em 11 de jun. 2018.

[154] *Ibid.*

O Ministro segue referindo que o entendimento que deve ser adotado não impede a prisão quando estiverem presentes os elementos cautelares, só não viabiliza a antecipação do cumprimento da pena, tampouco a prisão cautelar aplicada de forma genérica, abstrata. Recorda ainda o Decreto-Lei n. 88, oriundo do Estado Novo, em que se determinava, em seu art. 20, n. 05, que se presumia provada a acusação, devendo o réu fazer prova de sua inocência. Com isso, conclui, acompanhando o voto do Min. Eros Grau, que o trânsito em julgado serve como verdadeiro obstáculo aos abusos do Estado.

Outro voto importante para se descrever a visão do anterior entendimento do Supremo Tribunal Federal é o proferido pelo Min. Ayres Brito. O julgador realiza colocação peculiar, afirmando que a presunção de não culpabilidade é mais do que uma garantia, mais do que um direito substantivo, é, em verdade, direito material de natureza constitucional. Para o Ministro, a Constituição elevou a presunção de não culpabilidade, inclusive afastando-a da concepção banal de "inocência", da compreensão de que o sujeito é inocente até que se prove o contrário. Ayres Brito assevera que, muito além de comprovar sua culpa, essa comprovação deve ser feita dentro de um devido processo legal, perante um juízo, com todos os direitos e garantias preservados, com o alcance do trânsito em julgado da sentença penal condenatória.

O Ministro ainda assevera que há apenas uma regra que excepciona a presunção da não culpabilidade, que a relativiza para viabilizar a prisão, é aquela prevista no inciso LXI do art. 5° da Constituição Federal, em que determina que "ninguém será preso senão em flagrante delito [...]", este é o único instituto, de acordo com o Ministro, que permite a prisão automática. Não se localizará, em nenhuma parte da Constituição Federal, o fator automático de prisão em um recurso extraordinário *lato sensu*, capaz de relativizar a presunção de inocência. Em outro momento de seu voto, é possível identificar uma diferença entre os entendimentos do Min. Ayres Brito e do Min. Roberto Barroso – como adiante se observará –, pois afirma que as instâncias excepcionais (STJ e STF) devem prestigiar a decisão do juízo de base, por esse manter o real contato com os fatos, devendo, se preenchidos os requisitos permissivos da prisão cautelar, assim mantê-los, para viabilizar o postulado da justiça penal eficaz. Contudo, destaca que essa justiça penal eficaz não é alcançada mediante sacrifício do devido processo legal. Ao fim e após tantos outros argumentos, acompanha o Ministro Relator Eros Grau.

Desde 2009 até 2016, prevaleceu o entendimento quanto à inconstitucionalidade de execução antecipada da pena, calçado em uma visão principiológica e de prestígio ao texto constitucional. Todavia, com a modificação na composição do Supremo Tribunal Federal, reergueu-se a discussão, por meio do *habeas corpus* n. 126.292/SP,[155] de relatoria do Min. Teori Zavascki, sobre a constitucionalidade do cumprimento antecipado da pena. No mencionado *habeas corpus*, iniciou-se a construção de *overruling*[156] quanto ao entendimento da Corte Suprema, foi a partir desse julgado que se passou, até o momento, a se reconhecer como constitucional a execução antecipada da pena. Não se pode esquecer, também, que esse entendimento é decorrente do momento histórico em questão, no qual a autodenominada operação lava-jato tudo levava de roldão, diante de sua inegável popularidade.

Aquele entendimento consolidado pelo Supremo Tribunal Federal remontava ao estabelecido já em 1991, por força do HC n. 68.726/RJ,[157] que se manteve até 2009, nos termos do HC n. 72.366/SP[158] e HC n. 74.983/RS,[159] que autorizava a execução antecipada da pena. Contudo, o Min. Teori Zavascki trouxe outros fundamentos além daqueles outrora debatidos, complementações essas que fundamentaram seu voto tanto com base na legislação interna, quanto no direito comparado. Para o Ministro, há necessidade de se observar:

> [...] (a) o alcance do princípio da presunção de inocência aliado à (b) busca de um necessário equilíbrio entre esse princípio e a efetividade da função jurisdicional penal, que deve atender a valores caros não apenas aos acusados, mas também à sociedade, diante da realidade de nosso intricado e complexo sistema de justiça criminal.[160]

---

[155] BRASIL. Supremo Tribunal Federal. *Habeas Corpus n. 126.292/SP*, do Tribunal Pleno. Paciente: Marcio Rodrigues Dantas. Coator: Relator do HC n. 313.021 do Superior Tribunal de Justiça. Relator: Min. Teori Zavascki. Brasília, 17 de fev. de 2016. Disponível em: <http://redir.stf.jus.br/paginadorpub/paginador.jsp?docTP=TP&docID=10964246>. Acesso em 11 de jun. 2018.

[156] O *overruling*, instituto eminentemente derivado do *common law*, retrata a superação de precedente ou jurisprudência de determinada Corte. Embora não se depreenda que o ato fora, efetivamente, um fenômeno *overruling*, tem-se que alguns juristas assim a reconhecem, sobre o tema, ver: CRUZ, Rogerio Schietti. *Prisão cautelar:* dramas, princípios e alternativas. 3ª ed., rev., atual. e ampl. Salvador: Editora JusPodivm, 2017. p. 272-274.

[157] BRASIL. Supremo Tribunal Federal. *Habeas Corpus n. 68.726/RJ*, do Tribunal Pleno. Paciente: Marco Antonio da Fonseca Loureiro. Coator: Tribunal de Alçada Criminal do Estado do Rio de Janeiro. Relator: Min. Néri da Silveira. Brasília, 28 de jun. de 1991. Disponível em: <http://www.stf.jus.br/portal/geral/verPdfPaginado.asp?id=71186&tipo=AC&descricao=Inteiro%20Teor%20HC%20/%2068726>. Acesso em 14 de jun. 2018.

[158] BRASIL. Supremo Tribunal Federal. *Habeas Corpus n. 72.366/SP*, do Tribunal Pleno. Paciente: Nelson de Salvi Junior. Coator: Superior Tribunal de Justiça. Relator: Min. Néri da Silveira. Brasília, 13 de set. de 1995. Disponível em: <http://redir.stf.jus.br/paginadorpub/paginador.jsp?docTP=AC&docID=73718>. Acesso em 14 de jun. 2018.

[159] BRASIL. Supremo Tribunal Federal. *Habeas Corpus n. 74.983/RS*, do Tribunal Pleno. Paciente: Mário Somensi. Coator: Tribunal de Justiça do Estado do Rio Grande do Sul. Relator: Min. Carlos Velloso. Brasília, 30 de jun. de 1997. Disponível em: <http://redir.stf.jus.br/paginadorpub/paginador.jsp?docTP=AC&docID=75650>. Acesso em 14 de jun. 2018.

[160] BRASIL. Supremo Tribunal Federal. *Habeas Corpus n. 126.292/SP*, do Tribunal Pleno. Paciente: Marcio Rodrigues Dantas. Coator: Relator do HC n. 313.021 do Superior Tribunal de Justiça. Relator: Min. Teori Zavascki. Brasília, 17 de fev. de 2016. Disponível em: <http://redir.stf.jus.br/paginadorpub/paginador.jsp?docTP=TP&docID=10964246>. Acesso em 11 de jun. 2018.

Zavascki reforçou que o entendimento que vinha sendo mantido pela Corte Constitucional até o início de 2009 assentou-se no fato de que, com a condenação do réu, fica ultrapassada a discussão quanto à falta de fundamentação no decreto de prisão preventiva, uma vez que inexiste atribuição de efeito suspensivo aos recursos especial e extraordinário. Soma-se a essa circunstância que a Suprema Corte, à época, havia reconhecido a compatibilidade entre o art. 594[161] do Código de Processo Penal e a Constituição Federal, porquanto a Carta Maior teria recepcionado o dispositivo.

Após realizar análise na mudança do entendimento em 2009 – já avaliado anteriormente –, Zavascki passa a considerar que é preciso depreender que não se pode afastar o princípio da presunção de inocência do processo penal, mas que deve ser compreendido em fase fático-probatória, isto é, quando da análise dos fatos, os quais ocorrem em primeiro e segundo grau. Com o exaurimento dessas fases, passam a existir tão somente os recursos especial e extraordinário, cuja cognição restringe-se à matéria de direito, já não podendo haver revisão dos fatos. Para o Ministro Relator:

> [...] Nessas circunstâncias, tendo havido, em segundo grau, um juízo de incriminação do acusado, fundado em fatos e provas insuscetíveis de reexame pela instância extraordinária, parece inteiramente justificável a relativização e até mesmo a própria inversão, para o caso concreto, do princípio da presunção de inocência até então observado. Faz sentido, portanto, negar efeito suspensivo aos recursos extraordinários, como o fazem o art. 637 do Código de Processo Penal e o art. 27, § 2º, da Lei 8.038/1990.[162]

Na sequência, Zavascki realiza uma espécie de dicotomia entre procedimento ordinário e extraordinário do processo, ao asseverar que a execução da pena, quando houver pendente recurso de natureza ordinária, não ofende ao "núcleo essencial do pressuposto da não culpabilidade", uma vez que fora concedido ao réu, no decorrer de todo o "processo ordinário criminal", todos os direitos e as garantias a ele inerentes, inclusive respeitando-se as regras probatórias e o modelo acusatório, não havendo, portanto, a incompatibilidade da garantia constitucional (presunção de não culpabilidade) com a execução provisória da pena quando reconhecida a culpa nas instâncias ordinárias.

---

[161] O art. 594 fora revogado pela Lei n. 11.719/2008, sendo seu antigo texto o seguinte: "Art. 594. O réu não poderá apelar sem recolher-se à prisão, ou prestar fiança, salvo se for primário e de bons antecedentes, assim reconhecido na sentença condenatória, ou condenado por crime de que se livre solto".

[162] BRASIL. Supremo Tribunal Federal. *Habeas Corpus n. 126.292/SP*, do Tribunal Pleno. Paciente: Marcio Rodrigues Dantas. Coator: Relator do HC n. 313.021 do Superior Tribunal de Justiça. Relator: Min. Teori Zavascki. Brasília, 17 de fev. de 2016. Disponível em: <http://redir.stf.jus.br/paginadorpub/paginador.jsp?docTP=TP&docID=10964246>. Acesso em 11 de jun. 2018.

Fundamentando seu entendimento, o Ministro exemplifica a viabilidade da reprodução dos efeitos da responsabilização criminal derivada de condenação de segundo grau com a Lei Complementar n. 135/2010, nominada "Lei da Ficha Limpa", que modificou a alínea "e" do art. 1º da Lei Complementar n. 64/1990, passando a eleger, expressamente, como causa de inelegibilidade a existência de condenação por crimes específicos proferidas por órgão colegiado.[163] Isso, para Zavascki, "é dizer, a presunção de inocência não impede que, mesmo antes do trânsito em julgado, o acórdão condenatório produza efeitos contra o acusado".

Seguindo sua fundamentação, o Ministro cita doutrina que faz referências a países cuja execução provisória da pena é admitida, desde a Inglaterra, Estados Unidos da América, o Canadá, Alemanha, Portugal, Espanha e Argentina. Continua seus argumentos sobre a viabilidade da execução provisória afirmando a existência da prática de interposição de recursos protelatórios que visam tão somente a buscar a prescrição da pretensão punitiva ou executória, "assim, ao invés de constituírem um instrumento de garantia da presunção de não culpabilidade do apenado, acabam representando um mecanismo inibidor da efetividade da jurisdição penal".

Zavascki expõe que é função do STF garantir que o processo penal resgate sua inafastável função institucional de efetivação do *jus puniendi* estatal, a fim de harmonizar o princípio da presunção de inocência com o da efetividade da jurisdição penal, devendo ser retomado o antigo posicionamento da Corte Constitucional. E, assim, encerra seu voto guia do HC n. 126.292/SP.

Vale ressaltar algumas das exposições dos demais ministros que acompanharam o voto do relator, os quais, em sua fundamentação, demonstraram a real pretensão daquele julgado. A exemplo disso, tem-se o voto do Min. Roberto Barroso, o qual referiu que ao decorrer do processo penal, ocorre uma ponderação entre o princípio da pre-

[163] É relevante considerar que o tema da causa de inelegibilidade trazida pelo art. 1º, inciso I, alínea "e", da Lei da Ficha Limpa já fora alvo de debate pelo Supremo Tribunal Federal. Na época, por meio das ADCs 29 e 30, bem como da ADI 4.578, o STF reconheceu como constitucional o dispositivo que permite a inelegibilidade quando procedida a condenação por órgão colegiado. Todavia, um dos argumentos proferidos pelo Min. Luiz Fux, relator da ADC n. 29 – em que se julgou conjuntamente as demais e referidas ações –, foi no sentido de que não haveria ofensa ao princípio da presunção de inocência, porquanto a matéria ali discutida não era de caráter penal, mas sim eleitoral, o que não afetaria os preceitos constitucionais. O que antes fora fundamento para não confundir os efeitos da presunção de inocência aplicada ao direito penal com o direito eleitoral, agora fora utilizada para ratificar o entendimento de relativização da presunção de inocência ao processo penal, em clara fundamentação utilitária. (BRASIL. Supremo Tribunal Federal. *ADC n. 29/DF*, do Tribunal Pleno. Requerente: Partido Popular Socialista. Relator: Min. Luiz Fux. Brasília, 16 de fev. de 2012. Disponível em: <http://redir.stf.jus.br/paginadorpub/paginador.jsp?docTP=TP&docID=2243342>. Acesso em 15 de jun. 2018).

sunção de inocência e o da efetividade do sistema penal, na medida em que o primeiro é concedido com maior peso no início da instrumentação penal e, após decisão condenatória de segundo grau, passa a ser atribuído peso maior ao segundo, uma vez que já haveria demonstração segura da responsabilidade penal pela finalização da análise de fatos e provas.

Em mesmo voto, o Min. Barroso dispõe que o sacrifício imposto ao princípio da não culpabilidade é superado pela proteção que se concede à efetividade e à credibilidade da Justiça, como demonstram as estatísticas por ele mencionadas.[164] O julgador afirma que seu entendimento é reforçado pela compreensão do princípio da proporcionalidade como proibição de proteção deficiente, isto é, ao mesmo tempo que o referido princípio veda o excesso, também veda a proteção deficiente e, para ele, o posicionamento de impedimento da execução da pena antes do trânsito em julgado tem-se demonstrado insatisfatório na proteção de direitos fundamentais como a vida, dignidade humana e integridade física e moral das pessoas. E convalida que "[...] um direito penal sério e eficaz constitui instrumento para a garantia desses bens jurídicos tão caros à ordem constitucional de 1988" e, citando Beccaria, reforça sua fundamentação quanto à proporcionalidade.

O Min. Roberto Barroso expressa, em diversos momentos de seu voto, questões que envolvem o sentimento social de "descrédito para a justiça", até mesmo apontando que impedir o cumprimento antecipado da pena causou, em razão da mudança de entendimento do STF em 2009, os seguintes reflexos: "o incentivo à interposição de recursos protelatórios, o reforço à seletividade do sistema penal e o agravamento do descrédito do sistema de justiça penal junto à sociedade". O Ministro ainda asseverou que alguns benefícios poderiam advir da mudança do entendimento que viabilizaria o cumprimento provisório e, dentre eles, estaria a restauração do sentimento social de eficácia da lei penal. Assim, e concluindo seu voto, aduziu que se deve procurar privilegiar a interpretação que confira maior efetividade ao

---

[164] O Min. Roberto Barroso menciona: "Neste cenário, retardar infundadamente a prisão do réu condenado estaria em inerente contraste com a preservação da ordem pública, aqui entendida como a eficácia do direito penal exigida para a proteção da vida, da segurança e da integridade das pessoas e de todos os demais fins que justificam o próprio sistema criminal. [...]. A afronta à ordem pública torna-se ainda mais patente ao se considerar o já mencionado baixíssimo índice de provimento de recursos extraordinários, inferior a 1,5% (em verdade, inferior a 0.1% se considerarmos apenas as decisões absolutórias), sacrificando os diversos valores aqui invocados em nome de um formalismo estéril". (BRASIL. Supremo Tribunal Federal. *Habeas Corpus n. 126.292/SP*, do Tribunal Pleno. Paciente: Marcio Rodrigues Dantas. Coator: Relator do HC n. 313.021 do Superior Tribunal de Justiça. Relator: Min. Teori Zavascki. Brasília, 17 de fev. de 2016. Disponível em: <http://redir.stf.jus.br/paginadorpub/paginador.jsp?docTP=TP&docID=10964246>. Acesso em 11 de jun. 2018).

sistema processual penal "[...] em linha com as legítimas demandas da sociedade por um direito penal sério (ainda que moderado) [...]", colocando-se a favor da execução da pena provisória, acompanhando o voto do relator, Min. Zavascki.

Outro voto que acolheu o apresentado pelo relator no HC n. 126.292/SP e que merece destaque foi o do Min. Luiz Fux, o qual, além de expor concordar com o voto do Min. Zavascki, afirmou que, na prática, poucas são as decisões que conhecem da inconstitucionalidade nas condenações e, ainda, que é necessário observar quando uma interpretação constitucional não possui mais "ressonância no meio social" e, de acordo com Fux, "é inequívoco hoje, a sociedade não aceita essa presunção de inocência de uma pessoa condenada que não para de recorrer".

Com a decisão proferida por maioria da Suprema Corte, vencidos os Ministros Rosa Weber, Marco Aurélio, Celso de Mello e Ricardo Lewandowski, o STF passou a readmitir a execução da pena a partir da decisão de segundo grau, entendendo por constitucional o cumprimento da pena sem o trânsito em julgado do processo.

Por força da decisão proferida no HC n. 126.292/SP, foram propostas as Ações Declaratórias de Constitucionalidade n. 43 e n. 44,[165] ambas pretendendo que o Supremo Tribunal Federal revisse seu posicionamento, tendo em vista que o art. 283[166] do Código de Processo Penal permanecia em vigência e seu conteúdo iria de encontro ao proferido pelo Supremo nos autos daquele *habeas corpus*, porquanto impõe que ninguém poderá ser preso, salvo nos casos cautelares ou em decorrência de sentença condenatória transitada em julgado.

Com o pedido de apreciação de medida cautelar em ambas as ações declaratórias de constitucionalidade, viu-se a Suprema Corte obrigada, novamente, a rever seu posicionamento. A relatoria do Min. Marco Aurélio permaneceu no sentido de seu voto proferido nos autos do HC n. 126.292/SP. O Ministro referiu que o art. 283 do Código de Processo Penal permanece em harmonia com a Constituição Federal, uma vez que não se pode viabilizar o cumprimento da pena

165 Em razão de ambas as ações possuírem o mesmo objeto, o relator determinou o apensamento para julgamento conjunto, motivo pelo qual fora proferida decisão sobre medida cautelar apenas na ADC 43. (BRASIL. Supremo Tribunal Federal. *ADC n. 43/DF*, do Tribunal Pleno. Requerente: Partido Ecológico Nacional. Relator: Min. Marco Aurélio. Brasília, 05 de out. de 2016. Disponível em: <http://redir.stf.jus.br/paginadorpub/paginador.jsp?docTP=TP&docID=14452269>. Acesso em 15 de jun. 2018).

166 Art. 283. Ninguém poderá ser preso senão em flagrante delito ou por ordem escrita e fundamentada da autoridade judiciária competente, em decorrência de sentença condenatória transitada em julgado ou, no curso da investigação ou do processo, em virtude de prisão temporária ou prisão preventiva.

sem que haja a conclusão efetiva sobre a formação da culpa, a qual se encerra tão somente com o trânsito em julgado do processo. Mais, diz o relator que a garantia constitucional da presunção de inocência vai além das possibilidades de atuação do Supremo Tribunal Federal, uma vez que nem mesmo o poder constituinte derivado está autorizado a restringir a garantia da presunção de inocência. Na pretensão de trazer dados concretos, levantou os problemas derivados da superlotação carcerária nos termos que fora firmado na ADPF n. 347. Após demais fundamentos, votou pela concessão da medida cautelar para suspender a execução provisória da pena e determinar a soltura daqueles presos sobre esse argumento.

Malgrado, embora tenha sido acompanhado pelos Ministros Rosa Weber, Ricardo Lewandowski, Celso de Mello e, em parte, Dias Toffoli, a medida cautelar fora indeferida, permanecendo a possibilidade de cumprimento provisório da pena a partir da decisão de segundo grau.

O Min. Edson Fachin argumentou que a execução provisória da pena se encontra respaldada no princípio da proibição da proteção deficiente e está em consonância ao que a Corte Interamericana de Direitos Humanos vem apontando como precário no Brasil, quando dos julgamentos em que o Estado fora condenado por infringir os direitos humanos. Nos demais pontos, afirmou que não há efeito suspensivo nos recursos extraordinários (*lato sensu*) e que à luz das demais normas constitucionais o novo entendimento da Suprema Corte está adequado e que inexiste antinomia entre os artigos 283 e 637 do Código de Processo Penal, bem como tratou sobre dados trazidos pela Fundação Getúlio Vargas e Defensoria Pública do Rio de Janeiro, os quais expõem informações quanto aos números de processos julgados favoráveis aos réus e às espécies de recursos utilizados, a fim de demonstrar que o impacto do novo posicionamento não afetaria em grande monta a situação dos réus, pois, de acordo com Fachin, "[...] percebe-se que de todo o universo de assistidos pela Defensoria Pública do Rio de Janeiro, em números absolutos, 155 tiveram sua situação de injustiça revertida num Tribunal Superior".[167] Assim, valendo-se de mais outros argumentos, indeferiu a liminar.

Em mesma esteira, o Min. Roberto Barroso iniciou seu voto trazendo casos que, em sua visão, demonstram que o sistema penal não funciona, trata da oscilação da jurisprudência do STF sobre a matéria, frisando o que havia mencionado já em sede do HC n. 126.292/SP, ao

[167] BRASIL. Supremo Tribunal Federal. *ADC n. 43/DF*, do Tribunal Pleno. Requerente: Partido Ecológico Nacional. Relator: Min. Marco Aurélio. Brasília, 05 de out. de 2016. Disponível em: <http://redir.stf.jus.br/paginadorpub/paginador.jsp?docTP=TP&docID=14452269>. Acesso em 15 de jun. 2018.

referir que a mudança do entendimento do Supremo Tribunal Federal no ano de 2009 acarretou em três consequências muito negativas, sendo: (i) incentivo à infindável interposição de recursos protelatórios, tendo destacado que há demasiada movimentação da máquina do Judiciário, sendo que, "no mundo real" o percentual de recursos extraordinários favoráveis ao réu é "irrisório", inferior a 1,5%, ainda, mencionou que entre 01.01.2009 e 19.04.2016, das 25.707 decisões de mérito provenientes de recursos criminais no STF (entre recursos extraordinários e agravos), as decisões "absolutórias" não chegaram a 0,1% do total das decisões; (ii) viabilizou a seletividade, uma vez que apenas os ricos possuem condições de contratarem bons advogados para se utilizarem do sistema recursal, não possuindo os pobres essas condições, nem a Defensoria Pública estrutura para assim agir, e, pelo seu entendimento, por isso é mais fácil haver a punição de jovens que são presos portando 100g de maconha do que agentes políticos ou empresários que cometem fraudes milionárias; e, por último, (iii) o entendimento que viabilizou o cumprimento da pena tão somente após o trânsito em julgado agravou "o descrédito do sistema de justiça penal junto à sociedade".

Na continuidade de seu voto, o Ministro ratifica os efeitos pragmáticos da execução provisória da pena já referidos por ele em outra oportunidade, aduzindo que (i) o sistema de justiça criminal passa a ser mais funcional e equilibrado, por coibir a abusividade na interposição de recursos e fortalece os juízes de primeiro grau e Tribunais de Justiça; (ii) reduz a seletividade do sistema punitivo e o incentivo à criminalidade do colarinho branco; e (iii) viabiliza a "quebra do paradigma da impunidade do sistema criminal", uma vez que o cumprimento da pena somente após o trânsito em julgado tem autorizado a prescrição ou o enorme distanciamento temporal entre prática do delito e a punição. Após essas considerações, prossegue com seus fundamentos[168] e entende por inexistir óbice na aplicação do art. 283 do CPP, indeferindo a medida cautelar.

168 Novamente o Min. Roberto Barroso traz dados sobre o provimento de recursos favoráveis ao réu no âmbito dos Tribunais Superiores: "A afronta à efetividade da justiça criminal e à ordem pública pela necessidade de se aguardar o julgamento do RE e do REsp torna-se ainda mais patente pela análise do baixo índice de provimento dos recursos de natureza extraordinária, tanto no STF, quanto no STJ. Segundo dados oficiais da assessoria de gestão estratégica do STF, referentes ao período de 01.01.2009 até 19.04.2016, o percentual médio de recursos extraordinários criminais providos em favor do réu foi de 1,12%. Já no caso do STJ, dados fornecidos pela Presidência do Tribunal indicam que os recursos especiais criminais providos em favor do réu no período de 01.01.2009 até 20.06.2016 foi de 10,29%" (BRASIL. Supremo Tribunal Federal. *ADC n. 43/DF*, do Tribunal Pleno. Requerente: Partido Ecológico Nacional. Relator: Min. Marco Aurélio. Brasília, 05 de out. de 2016. Disponível em: <http://redir.stf.jus.br/paginadorpub/paginador.jsp?docTP=TP&docID=14452269>. Acesso em 15 de jun. 2018).

É de extrema relevância verificar que os votos favoráveis pela manutenção do cumprimento provisório da pena trazem, em sua quase totalidade, dados estatísticos que demonstram um "baixo" índice de provimento de recursos extraordinários e especiais, justificando de forma matemática que a maioria das decisões recorridas que chegam aos Tribunais Superiores estão adequadas. Por isso, além de outras questões como o descrédito na Justiça, entendeu o Supremo Tribunal Federal pela ausência de antinomia entre o art. 283 do CPP e demais textos, inclusive constitucionais, utilizando-se do mecanismo da interpretação conforme à Constituição Federal para excluir a interpretação que impeça a execução provisória da pena do art. 283 do Código de Processo Penal.

Em nova oportunidade, agora em caso de alta repercussão, o Supremo Tribunal Federal teve condições de retomar a discussão. O *habeas corpus* n. 152.752/PR, impetrado em favor do ex-presidente Luiz Inácio Lula da Silva julgado em 04 de abril de 2018, no qual se manteve o novo entendimento do STF quanto ao cumprimento da pena antes do trânsito em julgado.

O relator do referido *habeas corpus*, Min. Edson Fachin,[169] tratou o tema no sentido de haver a uniformização, pelo Superior Tribunal de Justiça, de jurisprudência, embasando-se esse no atual entendimento da Corte Constitucional. Fachin compreendeu que o ato praticado pelo STJ de denegar a ordem de *habeas corpus* ao paciente acabou por não constituir ato coator, tampouco abuso de autoridade. Ressaltou o Ministro, ademais, que a República Federativa do Brasil vem sendo questionada por organismos internacionais pela ineficiência de seu sistema de proteção penal a direitos humanos básicos. Para dar fulcro ao seu posicionamento, expôs a condenação do Brasil, pela Comissão Interamericana de Direitos Humanos, no caso Maria da Penha Fernandes *versus* Brasil. Também relatou o caso Sétimo Garibaldi *versus* Brasil e Ximenes Lopes *versus* Brasil, entre outros casos, no intuito de demonstrar que o Brasil é reconhecido pela "deficiência da proteção penal", demonstrando que no posicionamento adotado pelo STF e, no caso em concreto, no STJ, não se verifica ilegalidade ou abuso de poder no ato coator. O Ministro, ainda, afastou outras teses como a inexistência de vinculação da decisão proferida nos autos do HC n. 126.292/SP aos demais processos penais, a ocorrência de *reformatio in pejus* e a ausência de fundamentação na decisão que determinou o

[169] BRASIL. Supremo Tribunal Federal. *HC n. 152.752/PR*, do Tribunal Pleno. Paciente: Luiz Inácio Lula da Silva. Coator: Superior Tribunal de Justiça. Relator: Min. Edson Fachin. Brasília, 04 de abr. de 2018. Disponível em: <http://redir.stf.jus.br/paginadorpub/paginador.jsp?docTP=TP&docID=15132272>. Acesso em 28 de jun. 2018.

cumprimento antecipado da pena, tendo, nesse ponto, referido que a determinação de execução da pena não necessita de fundamentação particularizada, por ser tão somente cumprimento de título condenatório.

Circunstâncias que expõem a real visão utilitária nos autos do HC n. 152.752/PR são perceptíveis nos votos de demais Ministros que acompanharam o relator, como se observa, novamente, do voto do Min. Luiz Fux,[170] que dedica tópico específico para a análise econômica do Direito. O Ministro aduz que se deve pontuar, na questão da execução antecipada da pena, questões associadas à análise econômica do Direito, em especial quanto aos incentivos e desestímulos ao comportamento dos cidadãos. Para Luiz Fux, a concepção de que a interposição de recursos sucessivos pela defesa permite evitar a execução da pena finda por causar efeitos deletérios à "normatividade jurídica e para a prestação jurisdicional".

Consoante o posicionamento de Luiz Fux, quanto à normatividade jurídica, os efeitos originam-se do risco de prescrição das penas, uma vez que no sistema processual penal são "infinitas e praticamente incontroláveis as possibilidades de interposição de recursos pela defesa" que, empiricamente, significa em incentivar a sucessiva interposição de recursos protelatórios. Referente ao prejuízo à prestação jurisdicional, destaca que ao se conferir ao princípio da presunção de inocência a possibilidade de impedir a execução da condenação, viabiliza que a defesa proponha recursos descobertos de juridicidade, fazendo com que os juízos ordinários e Cortes Superiores dispendam seu tempo desnecessariamente e, por mais, destaca que:

> Essa jurisprudência, somada a uma compreensão também benevolente no que tange à restrição da incidência do princípio da boa-fé processual na seara penal, conduz à injustiça, à ineficácia das normas penais, quando não à ineficiência do ordenamento jurídico como um todo e ao reforço de uma cultura de desrespeito às normas em geral, numa sociedade de absoluta anomia, que deve ser evitada pelo Poder Judiciário, em seu papel de pacificação social.[171]

Por estes termos, o Min. Luiz Fux votou em consonância com o relator, compreendendo pela manutenção da viabilidade de cumprimento da pena antecipada.

---

[170] BRASIL. Supremo Tribunal Federal. *HC n. 152.752/PR*, do Tribunal Pleno. Paciente: Luiz Inácio Lula da Silva. Coator: Superior Tribunal de Justiça. Relator: Min. Edson Fachin. Brasília, 04 de abr. de 2018. Disponível em: <http://redir.stf.jus.br/paginadorpub/paginador.jsp?docTP=TP&docID=15132272>. Acesso em 28 de jun. 2018.

[171] *Ibid.*

Também interessante posicionamento é o proferido pelo Min. Alexandre de Moraes,[172] o qual, para respaldar a autorização do cumprimento provisório da pena, realizou análise do período de vigência do entendimento anterior , que vedou esse cumprimento. De acordo com os dados levantados pelo Ministro, no período de vigência da Constituição Federal, convertido em porcentagem, o entendimento pela constitucionalidade do cumprimento provisório da pena vigeu por 75% do tempo da Constituição Democrática, isto é, por 22 anos e 6 meses (considerando o período de promulgação da Constituição até o HC n. 84.078, mais o período da retomada do entendimento no HC n. 126.292, até o dia do julgamento do *habeas corpus* analisado). Enquanto o entendimento da impossibilidade do cumprimento provisório esteve vigente apenas por 7 anos.

Ainda, reforça o Ministro, que pelo período de quase 30 anos da Constituição Federal, dos 34 Ministros que compuseram a Corte nesse período, tão somente 9 possuíam o entendimento de que seria inconstitucional o cumprimento da pena antes do trânsito em julgado. Assim, ressalta o julgador, que o entendimento do Superior Tribunal de Justiça em denegar o *habeas corpus* do paciente está em consonância com o entendimento que durou 75% do período da Constituição Federal, bem como com o posicionamento de 71% dos Ministros que ocuparam as cadeiras nesse ínterim. Dessa forma, o entendimento proferido pelo STJ, ao ver do Min. Alexandre de Moraes, é atual e tradicional à jurisprudência do STF. Por fim, após tecer considerações sobre a necessidade de adequar os termos do art. 5º, inciso LVII, em especial o "trânsito em julgado", a demais dispositivos constitucionais, acompanhou o voto do relator.

Também interessa analisar o voto proferido pelo Min. Roberto Barroso,[173] na mesma linha do Min. Alexandre de Moraes, inclusive ressalvando que, em verdade, o entendimento da possibilidade do cumprimento provisório da pena já partia desde 1941, mas, sob égide da Constituição de 1988, desde 1988 até 2009 e, agora, é retomado o posicionamento.

O Min. Roberto Barroso novamente invocou seus motivos, alegando que se está diante de uma real mutação constitucional, uma vez que os requisitos que autorizam a aplicação desse fenômeno estavam presentes quando do julgamento do HC n. 126.292/SP e assim

---

[172] BRASIL. Supremo Tribunal Federal. *HC n. 152.752/PR*, do Tribunal Pleno. Paciente: Luiz Inácio Lula da Silva. Coator: Superior Tribunal de Justiça. Relator: Min. Edson Fachin. Brasília, 04 de abr. de 2018. Disponível em: <http://redir.stf.jus.br/paginadorpub/paginador.jsp?docTP=TP&docID=15132272>. Acesso em 28 de jun. 2018.

[173] *Ibid.*

permanecem. Os requisitos, de acordo com o Ministro, são: "1) houve uma mudança relevante na realidade social; 2) houve uma mudança na compreensão do Direito; 3) pelos impactos negativos que uma determinada interpretação tenha produzido no mundo real". Sintetizando seus argumentos, refere que possui muitos exemplos de impactos negativos que a interpretação de cumprimento de pena somente após o trânsito em julgado, assim, citou diversos fatos em que houve demora no cumprimento da pena pelo excesso de recursos interpostos e, a partir da mudança da interpretação, passou-se a colocar o condenado em segundo grau a cumprir a pena imediatamente, algo que, conforme o julgador, se o Supremo voltar ao seu antigo entendimento "essas transformações que nós finalmente estamos conseguindo no Brasil – com atraso, mas não tarde demais – vão regredir e o crime vai voltar a compensar". O Ministro reconhece que o fim da prisão em segundo grau colocaria em risco os incentivos para colaboração premiada, instituto que foi decisivo para o desmembramento da "corrupção sistêmica que existe no Brasil".

Ademais, fundamentou o Min. Barroso que a Constituição Federal não exige o trânsito em julgado para decretação da prisão, "não exige e nunca exigiu".[174] O julgador faz considerações quanto à seletividade penal e, ainda, reforça seus argumentos com evidências (analíticas sobre número de recursos favoráveis à defesa) que já se tratou em itens anteriores.

É verdade que todos os argumentos postos pela Corte devem ser considerados, mas além desses referidos, um que se destaca é a utilização referencial de outros países pelo Min. Zavascki. Em seu voto guia-vencedor no HC n. 126.292/SP, o julgador faz referência a países que permitem o cumprimento provisório da pena antes do trânsito em julgado. No entanto, em uma pesquisa terminológica nas suas Constituições, em que se buscou identificar dispositivos que previssem a relação objetiva entre trânsito em julgado e presunção de inocência, verificou-se que:

---

[174] O Ministro, neste ponto, faz uma referência entre os incisos LVII e LXI do art. 5º da CF, referindo que o primeiro afirmou que ninguém será considerado culpado até o trânsito em julgado de sentença, enquanto o segundo refere que ninguém será preso senão em flagrante delito ou por ordem escrita e fundamentada de autoridade judiciária competente. Assim, entende o Min. Barroso que prisão e culpa são circunstâncias distintas e que, para prisão, basta apenas o controle jurisdicional e a fundamentação da autoridade judiciária. (BRASIL. Supremo Tribunal Federal. *HC n. 152.752/PR*, do Tribunal Pleno. Paciente: Luiz Inácio Lula da Silva. Coator: Superior Tribunal de Justiça. Relator: Min. Edson Fachin. Brasília, 04 de abr. de 2018. Disponível em: <http://redir.stf.jus.br/paginadorpub/paginador.jsp?docTP=TP&docID=15132272>. Acesso em 28 de jun. 2018).

Os Estados Unidos da América[175] não possui em sua Constituição qualquer termo equivalente à necessidade de trânsito em julgado, isto é, a Constituição estadunidense não exige o trânsito em julgado para reconhecimento da culpa. Isso, inclusive, é respaldado pela estrutura de seu sistema. Os Estados Unidos da América detêm o júri como órgão jurisdicional de regra (seção 2 da Constituição estadunidense), o qual possui soberania em suas decisões independentemente de seus fundamentos. Logo, não se pode comparar a aplicabilidade da execução provisória entre o referido Estado (onde apenas cerca de 5% dos casos vão a julgamento, e os demais são resolvidos por acordos) e a República Federativa do Brasil, por não haver similitude no sistema jurídico e constitucional. Ademais, nos EUA, o Ministério Público raramente tem direito ao apelo após uma decisão absolutória, exceto em situações pontuais e, via de regra, ligadas a questões de direito. No Brasil, como bem sabemos, é muito comum que decisões absolutórias sejam revertidas nos tribunais, com votos que em geral seguem o parecer do Ministério Público, sem que haja efetivo direito ao recurso sobre matéria de fato contra a decisão condenatória, proferida em segunda instância.

A Inglaterra, por sua vez, não possui uma Constituição escrita, a Constituição está baseada em leis esparsas, decisões judiciais, entre outros documentos históricos, políticos e jurídicos. Isso tem até mesmo levantado, recentemente, discussão sobre a necessidade ou não de uma Constituição devidamente escrita e unificada.[176] É evidente, portanto, que a disposição normativa da Constituição inglesa não é equivalente à da Constituição brasileira.

Quanto ao Canadá, outro Estado que segue os ritos do *common law*, contatou-se que o país também não possui uma Constituição unificada como a brasileira, entretanto, possui, como na Inglaterra, diversas leis, decisões judiciais entre outros documentos que formam sua Constituição. Em especial, há dois atos constitucionais de grande importância, o ato constitucional de 1867 e o de 1982,[177] este último fortemente relacionado ao movimento *freedoms*, nele, no art. 11, letra "d", expõe que o cidadão canadense tem o direito de ser presumido inocente até que seja comprovada sua culpa na forma da lei, não está

---

175 ESTADOS UNIDOS DA AMÉRICA. Constituição (1789). *United States Constitution*. Disponível em: <https://www.senate.gov/civics/constitution_item/constitution.htm>. Acesso em: 01 jul. 2018.

176 BLACKBURN, Robert. *Britain's unwritten constitution*. In: *British Library – Magna Carta*. Disponível em <https://www.bl.uk/magna-carta/articles/britains-unwritten-constitution#authorBlock1>. Acesso em: 01 jul. 2018.

177 CANADÁ. Ato constitucional (1987). *Constitution Act, 1982*. Disponível em: <http://laws-lois.justice.gc.ca/eng/Const/page-15.html#h-40>. Acesso em :01 jul. 2018.

previsto o necessário trânsito em julgado para tanto. Novamente não se encontram elementos que viabilizem a comparação do ordenamento jurídico-constitucional canadense ao brasileiro, sendo inaplicável tal exemplificação.

Referenciada na decisão, a Alemanha também não possui, expressamente, em seu texto constitucional,[178] a necessidade de trânsito em julgado para que se considere culpado o cidadão e possa haver o cumprimento da pena. Embora não possua a expressa necessidade de trânsito em julgado, tem-se conhecimento de que, em verdade, a pena na Alemanha passa a ser cumprida tão somente após o julgamento de recurso do tribunal equivalente ao Superior Tribunal de Justiça.[179]

Portugal, por sua vez, detém em sua Constituição[180] dispositivo semelhante ao do Brasil (art. 32, nº 2, da Constituição Federal portuguesa). Contudo, é entendido como possível o cumprimento da pena após o julgamento do Supremo Tribunal de Justiça (equivalente ao Superior Tribunal de Justiça). Apesar de haver o cumprimento da pena após o julgamento do Supremo Tribunal de Justiça português, não havendo a necessidade de esgotamento no âmbito do Tribunal Constitucional, é preciso se identificar duas circunstâncias de alta relevância: a primeira é que a utilização do exemplo de Portugal na decisão do Min. Zavascki aparentou demonstrar ser já possível o cumprimento da pena a partir do julgamento de segundo grau, enquanto, na realidade, Portugal permite o cumprimento após a decisão de terceiro grau; o outro ponto relaciona-se com a estrutura do Judiciário português, o qual possui maior controle jurisdicional que o brasileiro, uma vez que o juiz singular julga apenas crimes com pena inferior a cinco anos,[181] sendo deslocada a competência quando a pena é superior a

---

[178] ALEMANHA. Constituição (1949). *Grundgesetz*. Disponível em: <http://www.gesetze-im-internet.de/gg/BJNR000010949.html>. Acesso em: 01 jul. 2018.

[179] CANÁRIO, Pedro. Citada como exemplo, Alemanha espera trânsito em julgado para prender. In: *Conjur*. Disponível em: <https://www.conjur.com.br/2016-out-05/citada-exemplo-alemanha-prende-transito-julgado>. Acesso em: 02 jul. 2018.

[180] PORTUGAL. Constituição (1976). *Constituição*. Disponível em: <http://www.parlamento.pt/Legislacao/Paginas/ConstituicaoRepublicaPortuguesa.aspx>. Acesso em: 02 jul. 2018.

[181] Há de se destacar que os condenados por crimes cuja pena cominada no tipo é de no máximo 05 anos, em Portugal, quando da condenação, podem ter a suspensão da execução da pena (arts. 50 e 53 do CP português); há possibilidade, também, de "suspensão provisória do processo" (arts. 281 e 282 do Código de Processo Penal português), semelhante à suspensão condicional do processo brasileira, que se aplica aos casos cuja pena prevista para o delito é de até 05 anos. Isto é, além do cidadão possuir a garantia de ser julgado por um colegiado desde o primeiro grau quando apurado delito com pena superior a 05 anos, nos casos de pena inferior a 05 anos, o réu possui condições de praticar a suspensão do processo. Também é necessário ressaltar, nos casos de prisão preventiva, a legislação portuguesa prevê prazos, ao contrário da legislação brasileira, e não é aplicada, em regra geral, àqueles que respondam por delito cuja pena máxima é inferior a 05 anos (art. 202 do CPP português).

cinco anos, ao tribunal coletivo, constituído por três juízes de primeiro grau. Não há, portanto, possível comparação entre a aplicação da pena provisória prevista em Portugal para a que se impôs no Brasil, especialmente por questões de estrutura organizacional e porque, ainda que se permita o cumprimento antes do trânsito, há revisão por tribunal superior para que haja esse cumprimento.

A Espanha, outro país citado como referencial de cumprimento da pena antes do trânsito em julgado, não possui em sua Constituição a exigência do trânsito em julgado para tanto, reconhecendo tão somente a presunção de inocência (art. 24, nº 2, da Constituição espanhola).[182] O último dos países mencionados na decisão proferida pelo Min. Zavascki, a Argentina, também não possui, em sua Constituição Federal,[183] a previsão do trânsito em julgado para reconhecimento de culpa, também inviabilizada a comparação entre os dois Estados.

Percebe-se que a menção aos referidos países foi argumento estabelecido apenas para fornecer segurança na decisão, mas não consagrou as diferenças de sistema jurídico, constitucional e, no específico caso de Portugal, fático e organizacional, sendo utilizado para transparecer uma eficiência incompatível com aquela exigida pela Constituição da República Federativa do Brasil. Os diversos fundamentos que foram analisados anteriormente demonstraram um viés pragmático-econômico na eficiência aplicada pelo Supremo Tribunal Federal, justificativas aritméticas, de dificuldades administrativas e de mera conveniência foram lançadas na esperança de otimizar o processo penal e, consequentemente, acalmar os anseios da população quanto à exigência de combate à corrupção e à impunidade.

Realizadas as análises necessárias às decisões proferidas sobre a retomada do entendimento do cumprimento provisório da pena, listam-se os principais fundamentos para sua retomada, conjuntamente com sua breve e respectiva crítica:

1) Inexistência de efeito suspensivo nos recursos extraordinários *lato sensu*: referente ao efeito suspensivo, o argumento parece carecer de legitimidade constitucional, isso porque a referência ao efeito suspensivo nos mencionados recursos decorre única e exclusivamente de norma infraconstitucional e diverge do texto constitucional. Observa-se que essa compreensão de efeito suspensivo nos recursos criminais é evidentemente um resquício da unificada teoria geral do processo,

---

182 ESPANHA. Constituição (1978). *Constitución*. Disponível em: <http://www.congreso.es/consti/constitucion/indice/titulos/articulos.jsp?ini=15&fin=29&tipo=2>. Acesso em: 02 jul. 2018.

183 ARGENTINA. Constituição (1995). *Constitución*. Disponível em: <http://servicios.infoleg.gob.ar/infolegInternet/anexos/0-4999/804/norma.htm>. Acesso em: 02 jul. 2018.

em que a natureza do processo é aprofundada, nessa teoria geral, no âmbito civil. É importante este depreender, porque não há dispositivo constitucional que vede, expressamente, o cumprimento antecipado da sentença civil (ao contrário, a lei permite o julgamento antecipado da lide na esfera civil) antes de seu trânsito em julgado, enquanto que para o processo penal, a impossibilidade do cumprimento provisório é clara quando a Constituição Federal refere, no art. 5º, inciso LVII, "sentença penal condenatória";

2) A interposição abusiva de recursos pelos advogados perante os Tribunais Superiores: o argumento denota-se meramente convencional, isto é, afasta-se o caráter constitucional do princípio da presunção de inocência para que o Supremo Tribunal Federal não desperdice seu tempo com esses recursos. Em vez de utilizar de mecanismos processuais válidos, tais como a imposição de multa no uso abusivo do direito de recorrer, prefere-se lançar mão de medida extrema, que viola a liberdade do cidadão. De outra parte, os Tribunais Superiores foram ainda mais "inundados" por *habeas corpus* e recursos após o novo entendimento, claramente dissonante do texto constitucional, no que concerne à proteção da liberdade. O novo entendimento trouxe mais instabilidade, e não o contrário, justamente por violar texto expresso da norma constitucional;

3) A necessária harmonização entre Princípio da Presunção de Inocência e Princípio da Efetividade da Jurisdição: outro equívoco que parece ser constante. Inicialmente, não se observou, em nenhuma das decisões, a devida aplicação da fórmula de ponderação de Alexy, entretanto, ainda que assim fosse feito, a concepção de eficiência para um processo penal não condiz com essa possibilidade, pois a jurisdição só poderá ser efetivada se respeitar os ditames constitucionais, isso inclui as garantias e direitos fundamentais. Não se pode reconhecer que o Estado efetive sua jurisdição sacrificando a Constituição, isso seria permitir a retoma da barbárie institucional, violando toda a compreensão de existência da Constituição Federal. Em síntese, seria transformar o Supremo Tribunal Federal em senhor da Constituição, e não em seu protetor;

4) Ponderação entre o Princípio da Presunção de Inocência e Princípio da Efetividade do Sistema Penal: novamente não se observa a aplicabilidade de fórmulas de ponderação e, acima de tudo, parece ter ocorrido a criação de um novo princípio. Efetividade do sistema penal não é um princípio propriamente dito, se não reflexo do princípio da efetividade da jurisdição, não haveria porque existir uma determinação principiológica para aquilo que só é efetivado a partir da sistemática jurisdicional. Aqui os argumentos são os mesmos lança-

dos quanto ao item anterior. O que se tem é a violação de um princípio expresso por uma criação decorrente de uma ação ativista do ponto de vista judicial;

5) A compensação do "sacrifício" do Princípio da Presunção de Inocência pela proteção à efetividade e à credibilidade da Justiça: de todos os argumentos lançados pelo Supremo Tribunal Federal, este é o de mais fraca densidade jurídica. Primeiro, porque o guardião da Constituição Federal reconheceria, explicitamente, estar "sacrificando" um princípio constitucional, em favor do interesse da jurisdição; Segundo, e mais temerário, é que se coloca este sacrifício em prol da "credibilidade da Justiça", sem que haja qualquer menção, na Constituição Federal, de que este seja um valor de proteção mais relevante do que aquele que já está expresso. O que fere mais a credibilidade da Justiça: atender os pretensos anseios de suposta parte do povo ou fazer cumprir o texto expresso da Constituição? O que destrói a credibilidade da Justiça é a incapacidade e leniência em defender o texto da Constituição, ainda que contra uma pretensa maioria, com um viés meramente utilitário;

6) A prisão apenas depois do trânsito em julgado fornece proteção deficiente: parece haver uma baixa compreensão da força normativa que a Constituição deve ter[184] com o emprego desse argumento, uma vez que a deficiência na proteção de bens jurídicos não está relacionada à mitigação ou, até mesmo, ao expurgo do princípio da presunção de inocência. Está, sim, relacionada ao tratamento que a norma penal fornece ao bem que possui dignidade penal, à proporcionalidade da pena com a conduta e à celeridade da apuração do ilícito. Os casos utilizados por Fachin como exemplos de deficiência protetiva estão relacionados ou à falta e à morosidade nas investigações, ou à demora nos julgamentos, não quanto à prisão após o trânsito em julgado. Novamente denota-se uma visão utilitária, que visa ao reconhecimento de jurisdição eficiente perante os órgãos internacionais por meio de redução de garantias e direitos do cidadão;

7) Novo entendimento reduz seletividade penal: Trata-se, aqui, de uma situação que despreza a realidade prisional brasileira. Os atingidos não serão alguns criminosos de colarinho branco, mas a grande massa carcerária. Em verdade, a execução provisória da pena

[184] STRECK, Lenio Luiz. Bem jurídico e constituição: da proibição de excesso (*übermassverbot*) à proibição de proteção deficiente (*untermassverbot*) ou de como não há blindagem contra normas penais inconstitucionais. In: *Boletim da Faculdade de Direito de Coimbra*. Vol. LXXX, ano 2004. p. 303-343.

vem para agravar a situação da seletividade[185] e do caos carcerário, decorrentes da violação do texto constitucional. Aqui, por certo, um argumento utilitário destruiria a validade da interpretação acerca da execução provisória da pena;[186]

8) Acompanhamento do sentimento social (credibilidade da Justiça, demanda de um direito penal "sério", inaceitabilidade social "dessa presunção de inocência", entre outros referidos): quadro estranho ao Direito, uma vez que o espaço de dúvida que existiria na interpretação é preenchido com mecanismos alienígenas ao Direito, como sentimentos sociais. O julgador passa a responder aos desejos da população, deixando de lado a autonomia do Direito, prestando homenagens a emoções e afastando a coerência e integridade do e no Direito. É quase impossível contra-argumentar uma decisão embasada em emoções, pois o prolator não está receptivo à razão;

9) Ínfima porcentagem de provimento favorável de recursos aos réus nos Tribunais Superiores: em diversos momentos foram trazidas informações acerca da porcentagem de recursos providos. O Min. Roberto Barroso, como se pôde observar, asseverou, nos autos do HC n. 126.292/SP, que as decisões proferidas em recursos extraordinários são ínfimas, sendo do percentual de 1,5% ou 0,1%, se consideradas as decisões absolutórias. Entretanto, estudos apresentados pelo Instituto Brasileiro de Ciências Criminais (IBCCrim)[187] e levados aos autos das ADCs 43 e 44, destacam duas questões importantes: a primeira é que não se pode viabilizar a execução provisória da pena somente com dados do STF, pois esse cumprimento ocorre já em segundo grau, afastando a possibilidade de análise pelo STJ antes da prisão. Isso é de alta

---

[185] CANÁRIO, Pedro. Ao autorizar prisão antecipada, STF aprofundou injustiças, dizem advogados. In: *Conjur*. Disponível em: <https://www.conjur.com.br/2016-set-01/prisao-antecipada-stf-aprofundou-injusticas-dizem-advogados>. Acesso em 25 jul. 2018.

[186] Para poder evidenciar o agravamento da crise carcerária, pode-se observar o relatório apresentado pelo Conselho Nacional de Justiça, em que identificou que 27,72% (148.472) dos presos no país cumprem a execução provisória da pena, sendo que não integra esse número o estado do Rio Grande do Sul, que não concluiu seu levantamento a tempo. (BRASIL. Conselho Nacional de Justiça. Banco Nacional de Monitoramento de Prisões. *Cadastro Nacional de Presos*. Brasília, 2018. Disponível em: <http://www.cnj.jus.br/files/conteudo/arquivo/2018/08/987409aa856db291197e81ed314499fb.pdf>. Acesso em: 23 ago. 2018).

[187] O IBCCrim fora admitido como *amicus curiae* nas Ações Declaratórias de Constitucionalidade n. 43 e 44. Em seus memoriais, o instituto apresenta estudos sobre decisões proferidas entre 2008 e 2012, nela são expostos os seguintes dados: Resultado dos HCs e RHCs nos STF: 8,27% concessão (parcial e integral); 22,91% não concedidos; 37,78% não conhecidos; 9,22% pendentes; 19,95% prejudicados; 1,53% outras situações. Resultados dos HCs e RHCs no STJ: 27,86% concedidos (parcial e integral); 21,10% não concedidos; 19,98% não conhecidos; 11%pendentes; 24,44% prejudicado; 0,58% em outras situações. O estudo apresenta alta taxa de sucesso nas impetrações de HCs e RHCs no âmbito do Superior Tribunal de Justiça, sendo essa, proporcionalmente, a mais alta entre todas as outras condições, bem como demonstra taxa mais elevada do que apresentada pelo Supremo Tribunal Federal quanto aos recursos concedidos.

relevância, pois o instituto apresenta que aproximadamente 27,86% dos recursos e ações autônomas de impugnação são favoráveis à Defesa. O segundo ponto é que o percentual apresentado pelo STF não condiz com as reais estatísticas, porquanto se alcançou a quantia de 8,27% de sucesso dos recursos extraordinários defensivos, não 1,5%. Ademais, outra vez a argumentação do Supremo Tribunal Federal recai sobre a lógica aritmética, em que se reconhece, em justiça penal, a possibilidade de prender indevidamente poucos para que grande parte cumpra pena, o que denota mais um argumento de nítido viés utilitário, em que o sacrifício de alguns não importa, em razão da suposta felicidade da maioria;

10) Vigência do entendimento da possibilidade do cumprimento da pena antes do trânsito em julgado possui mais tradição: o Supremo Tribunal Federal expôs que no período de vigência da Constituição Federal, o entendimento que mais vigeu foi o da possibilidade da execução provisória. Conforme expôs o Min. Alexandre de Moraes, no período de vigência da Constituição Federal, o entendimento que prevaleceu acerca da possibilidade da execução provisória da pena representa 75% desse período, sendo que dos Ministros que ocuparam os assentos na Corte Constitucional nesse tempo, 71% eram favoráveis ao cumprimento provisório. É interessante o apontamento do Ministro por uma clara questão: por mais que se tenha conhecimento de que a influência autoritária do regime fora ínfima no Supremo Tribunal Federal,[188] é normal que a própria cultura da época permitisse uma visão mais autoritária em geral, os Ministros que vinham mantendo seus postos após o regime (destaca-se que, com a queda do regime, houve a permanência dos membros do Supremo) ainda reconheciam como viável as normas postas pelo Código de Processo Penal de 1941 (ainda vigente e cheio de críticas) e, se não bastasse, estavam enfrentando o amadurecimento da própria Constituição, que inovava com a exigência do trânsito em julgado para reconhecimento de culpa e, consequentemente, cumprimento da pena. Foi em 2009 que a ruptura, pelo menos quanto ao assunto da execução provisória da pena, efetivou-se, e a Constituição Federal tomou forma no que pôde quanto ao princípio da presunção de inocência. Se a norma deixou de ser aplicada por mais tempo, tal fator não altera o essencial: a norma se aplica ou não se aplica. A Constituição se viola ou não;

---

188 Sobre o assunto da interferência do regime no Supremo Tribunal Federal, recomenda-se a leitura de: VALÉRIO, Otávio L. S. *A toga e a farda*: o supremo tribunal federal e o regime militar (1964-1969). 2010. 224 f. Dissertação (Mestrado em Direito). Programa de Pós-Graduação em Direito, Universidade Estadual de São Paulo (USP), São Paulo, 2010. Disponível em: <http://www.teses.usp.br/teses/disponiveis/2/2139/tde-16082011-164739/pt-br.php>. Acesso em: 30 jun. 2018.

11) A prisão em segundo grau é incentivadora de colaborações premiadas: é possível ainda identificar o viés pragmático-economicista na própria fundamentação do Min. Roberto Barroso, ao afirmar que, caso houvesse a impossibilidade de cumprimento de pena antes do trânsito em julgado dos processos criminais, ocorreria desincentivo à realização de colaborações premiadas, expondo que um dos reais propósitos desse instituto também é "incentivar" – para não dizer impelir, coagir, constranger – o indivíduo a delatar esquemas de organizações criminosas. Já se tinha conhecimento que prisões cautelares vinham sendo utilizadas para "incentivar" colaborações,[189] mas, agora, também se tem o incentivo em outra ponta, isto é, ou se incentiva com a prisão no início do processo, ou com a prisão no segundo grau. Trata-se de mais um argumento utilitário, que não atenta para o texto, que é o que se deve proteger, caso se queira dar credibilidade para a Justiça;

12) A Constituição Federal não veda a prisão antes do trânsito em julgado, mas sim a formação de culpa: a argumentação de que a Constituição Federal não impede o cumprimento da pena antes do trânsito em julgado, pois o dispositivo constitucional que afirma a necessidade desse trânsito dispõe que "ninguém será considerado culpado antes do trânsito em julgado" (art. 5º, inciso LVII, da CF), enquanto o dispositivo específico sobre prisões exige apenas decisão fundamentada de órgão jurisdicional (art. 5º, inciso LXI, da CF) também é equivocada. É evidente que o inciso LXI, ao referir sobre prisão, revela os casos acauteladores, isso porque a prisão para cumprimento de pena é um efeito da condenação, do reconhecimento da culpa, isto é, só pode cumprir pena aquele que for considerado culpado na forma que determina a Constituição, entretanto, pode o cidadão ser preso, quando presentes requisitos acauteladores, por decisão fundamentada de autoridade judicial. E há, ainda, gritante contradição nesse mesmo argumento levantado pela Corte Constitucional, já que reconhece que, para cumprimento provisório da pena, não há necessidade de fundamentação particularizada, porquanto se trata de execução de título judicial. Parece, em verdade, que a interpretação, então, não se amolda ao próprio texto constitucional já distorcido, já que não exige a fundamentação para prisão (essa que não se confunde com fundamentação da condenação);

13) Aplicabilidade por outros países: quanto a este último fundamento, reporta-se ao anteriormente referido quanto a cada país mencionado na decisão.

---

[189] Sobre prisões cautelares e colaboração premiada: VILELA, Augusto Tarradt. Lei nº 12.850/2013 e a colaboração premiada: análise diante da relativização das garantias constitucionais. In: *Meios de obtenção de provas no processo penal*. Org. Miguel Tedesco Wedy. Porto Alegre: Livraria do Advogado, 2018. p. 79-100.

Após essa análise e crítica, é possível identificar que o conceito de eficiência para as referidas decisões possui um nítido viés utilitário. Amparado por uma concepção de resposta social, fundamentando uma compreensão de que o Judiciário deve acompanhar o desejo da sociedade e somando às assertivas de que as estatísticas demonstram que poucas são as reformas derivadas dos recursos especiais e extraordinários, parece que a Corte Constitucional tinha optado por consolidar uma visão utilitária, por vezes apoiada na análise econômica do Direito, em uma concepção pragmática e de sacrifícios a determinados grupos (no caso aqueles que estão no "baixo" índice estatístico de reforma, isto é, o Supremo Tribunal Federal prefere, mesmo possuindo os dados, que poucos cumpram uma pena que inexistirá, para que muitos não tenham o direito de aguardar o trânsito em julgado).

Esses pontos apresentados acima permaneceram quando do julgamento de mérito das mencionadas ADCs, julgadas conjuntamente em 23 de outubro de 2019. Entretanto, o desfecho meritório seguiu outra linha.

Embora ainda não publicado o acórdão, o Supremo Tribunal Federal julgou procedente as ADCs para declarar constitucional a redação do art. 283 do CPP, isto é, sendo constitucional o mencionado texto legal, o cumprimento da pena antes do trânsito em julgado retomou, então, sua natureza de inconstitucionalidade, tendo o Min. Marco Aurélio, em voto proferido no mérito de julgamento da ADC n. 43 (reunida com as demais ADCs) asseverado que:

> O abandono do sentido unívoco do texto constitucional gera perplexidade, observada a situação veiculada: pretende-se a declaração de constitucionalidade de preceito que reproduz o texto da Constituição Federal. Não vivêssemos tempos estranhos, o pleito soaria extravagante, sem propósito; mas, infelizmente, a pertinência do requerido nas iniciais surge inafastáveis.[190]

Recorda-se que o posicionamento do STF quanto ao cumprimento antecipado da pena foi definido por 6 votos contra a possibilidade e 5 favoráveis ao cumprimento antecipado, sendo que o voto que se tornou decisivo foi o do Presidente da Corte Suprema, Min. Dias Toffoli.

No referido voto, foi destacado que se debatia, nas referidas ADCs, a constitucionalidade do art. 283 do CPP, mas isso, por si, não impediria que o legislador ordinário alterasse o dispositivo, viabilizando o cumprimento da pena antes de seu trânsito em julgado. Com este

[190] BRASIL. Supremo Tribunal Federal. *ADC n. 43/DF*, do Tribunal Pleno. Requerente: Partido Ecológico Nacional. Relator: Min. Marco Aurélio. Brasília, 05 de out. de 2016. Disponível em: <http://redir.stf.jus.br/paginadorpub/paginador.jsp?docTP=TP&docID=14452269>. Acesso em 09 de jan. 2020. (Voto do Min. Marco Aurélio. Acórdão ainda não publicado).

posicionamento, ainda restou um claro aceno à viabilidade do cumprimento da pena nos delitos dolosos contra a vida, já em primeiro grau (situação que será discutida no Recurso Extraordinário 1.235.340).

Contudo, não parece, em uma análise sistemática da Constituição, viável o cumprimento da pena antes de seu trânsito em julgado em qualquer natureza de delito. Isso porque o princípio da presunção de inocência vige em todas as circunstâncias, coexistindo com o princípio da soberania das decisões do Júri, princípio último que em nenhum momento autoriza o cumprimento antecipado da pena, pois paira tão somente quanto ao fundo probatório. E, ademais, não se pode esquecer que a soberania do Júri é um princípio, não um instrumento para a fragilização de outras garantias.

Assim, é preciso cuidado para não se permitir que parcela das pessoas fique ao desabrigo do texto constitucional, a fim de que o Judiciário tenha "credibilidade". Porquanto, o que concede credibilidade ao Judiciário são julgamentos em tempo razoável, com garantias de defesa e de contraditório e que, ao final, condenem ou absolvam o cidadão com todos os efeitos inerentes do devido processo legal constitucional.

Na linha das decisões apreciadas, embora o julgamento de mérito da ADC n. 43, e demais a essa apensados, tenha sido pela constitucionalidade do art. 283 do Código de Processo Penal, observa-se que o processo, então, vem sendo meio manipulável, em que o interesse da sociedade e o descrédito no Judiciário passam a ser meios autorizadores da desformalização do processo, "sacrificando-se" garantias do cidadão. Embora se saiba que concepções referentes à moralidade da comunidade política, do dever de equanimidade, da igualdade e da "justiça" tocam determinados pontos do Direito, esses elementos não podem ser usurpadores do texto constitucional.[191]

A referência quanto à proibição de proteção deficiente não pode ser fundamento para viabilizar distorções constitucionais para adequar o entendimento da Corte aos anseios sociais, pois esse princípio, tanto quanto o princípio da proibição de excesso, não podem ser descurados "um milímetro da Constituição".[192]

---

[191] STRECK, Lenio Luiz; OLIVEIRA, Rafael Tomaz de. *O que é isto – as garantias processuais penais?*. Porto Alegre: Livraria do Advogado, 2012. p. 22.

[192] Ibid., p. 23.

4. Uma discussão sobre eficiência em processo penal à luz da Crítica Hermenêutica do Direito e de uma visão onto-antropológica

O presente capítulo destinar-se-á a analisar e a diagnosticar o que se concebe como eficiência em um aspecto de otimização legítima no processo penal, a partir de uma leitura constitucional. Para tanto, será analisada a conceituação de resposta constitucionalmente adequada, associada a uma concepção de eficiência, a fim de se alcançar a resolução da questão norteadora da presente pesquisa e, consequentemente, identificar se a eficiência aplicada pelo Supremo Tribunal Federal é constitucionalmente válida.

4.1. Uma resposta de acordo com a Constituição Federal

A pesquisa ora apresentada não visa apenas a apontar a eficiência utilizada pelo Supremo Tribunal Federal no caso da execução provisória da pena, mas, também, verificar a possibilidade de uma resposta adequada diante do texto da Constituição.

A hermenêutica, em seu caráter histórico, sempre esteve vinculada à interpretação. Seu surgimento segue desde a teoria da exegese bíblica até suas concepções filosóficas mais sofisticadas sobre o assunto, das quais passaram a surgir a filosófica hermenêutica e a hermenêutica filosófica. Ao desenvolver o estudo da hermenêutica, alguns autores passaram a tratar o tema de forma mais intensa, inclusive construindo novas formas de observar o método hermenêutico e criticar conceitos da antiga filosofia. Um destes autores é Martin Heidegger, o qual superou a concepção da fenomenologia pura de Husserl. Heidegger ultrapassou o entendimento de que o mundo externo depende da subjetividade do ser humano, demonstrando que as coisas existem por elas mesmas, independentemente da concepção íntima do indivíduo.[193] É com essa concepção que surge o "ser-aí" e o "ser-no--mundo", em que o filósofo expõe que:

> [...] o ser-aí ultrapassa o ente de um tal modo que somente nessa ultrapassagem ele pode se comportar em relação ao ente; portanto, somente assim ele pode se comportar também em relação a si mesmo como ente, isto é, pode se relacionar consigo mesmo, pode ser um si-próprio. O ser-aí transcende, ultrapassa o ente [...].[194]

Com esta percepção, Heidegger eleva a manifestação do ser como fenômeno, impulsionando a ontologia como interrogação explícita e teórica ao sentido do ser,[195] a fenomenologia hermenêutica, assim, vai consolidando-se, permitindo o estabelecimento da hermenêutica como meio interpretativo da legislação, em que autoriza uma análise não restrita ao subjetivismo humano, mas constatando que o ser-aí é firmado pela compreensão do homem. Surge a concepção de *Dasein*, que "[...] é a condição ôntica da possibilidade de descobrir o ente que se encontra no mundo, no modo de ser da prestabilidade" [...]".[196]

A partir dessa linha, e de outras análises aprofundadas por Heidegger, Gadamer passará, percucientemente, a construir a hermenêutica filosófica, deixando a filosofia hermenêutica de Heidegger como supedâneo de sua estrutura. Enquanto Heidegger, com o giro hermenêutico, desenvolveu a definição de pré-compreensão,[197] Gadamer compreendia que parte desta compreensão derivava da historicidade, da análise histórica do contexto. O autor, na visão de Lopes, demonstrou a necessidade de estar "aberto" ao seu próprio entendimento, pois será o necessário para formular a compreensão.[198]

Lopes segue afirmando que isso demonstra a circularidade do compreender, denominado de "círculo-hermenêutico", em que o interprete, a cada momento que retoma o texto, trará uma releitura alterada. É certo que não fora Gadamer que tenha criado esta concepção,[199] mas a aprofundou em sua teoria. A compreensão, a interpreta-

---

193 STEIN, Ernildo. *Introdução ao pensamento de Martin Heidegger*. Porto Alegre: EDIPUCRS, 2011. p. 26.

194 HEIDEGGER, Martin. *Introdução à filosofia*. Trad. Marco Antonio Casanova. São Paulo: Editora WMF Martins Fontes, 2009. p. 325-326.

195 STRECK, Lenio Luiz. *Hermenêutica jurídica e(m) crise*: uma exploração hermenêutica da construção do Direito. 11. ed. Porto Alegre: Livraria do Advogado, 2014. p. 290.

196 *Ibid*., p. 284.

197 *Ibid*., p. 253.

198 LOPES, Ana Maria D'Ávila. A hermenêutica jurídica de Gadamer. In: *Revista de informação legislativa*, vol. 37, n. 145, jan./mar. 2000. p. 106. Disponível em: <http://www2.senado.leg.br/bdsf/handle/id/560>. Acesso em: 16/06/2018.

199 *Ibid*.

ção e aplicação, para Gadamer, passam a ser meios indissociáveis, ao contrário do que a antiga hermenêutica visualizava.

Com Gadamer, então, inicia-se o entendimento de que o intérprete não pode modificar o texto como se este não existisse inicialmente, mas, também, não pode levá-lo a uma interpretação objetiva e atônita, porquanto deve observar o caráter histórico, que justamente aproxima da melhor interpretação. Para isso, a pré-compreensão, antes trabalhada por Heidegger, passa a ser o início da "mecânica interpretativa".

É a partir destas análises que Streck passará a desenvolver uma teoria da decisão que advém da imbricação entre as teorias apresentadas por Gadamer e Dworkin, construída sob a ótica do Direito Constitucional, a fim de que as decisões jurídicas alcancem a melhor aplicabilidade dentro dos preceitos constitucionais.[200] Streck reconhece que houve significativo avanço na filosofia quanto à própria hermenêutica, inserida pela *linguistic turn*, em que se construiu, chamado pelo autor, o giro linguístico-ontológico, que proporcionou "um novo olhar sobre a interpretação e as condições sob as quais ocorre o processo compreensivo",[201] e é neste contexto que a hermenêutica trabalhada por Streck toma ainda mais força, porque aponta para a imprescindível extensão destes avanços filosóficos ao Direito.

Fala-se nesta necessidade, porque a evolução filosófica demonstrou uma maior efetividade na concretização da sua interpretação e aplicação dos textos analisados, enquanto o Direito permaneceu com uma estrutura dogmática que não revela tamanha eficácia na adequação do texto legal ao caso discutido, isso é gerado por diversos fatores apontados por Streck como *habitus dogmaticus*,[202] que é o conformismo dos juristas com o que já existe. Não há novas discussões, não se enfrentam novas análises, sempre se utiliza de métodos ultrapassados para a análise de todos os casos.

Este *habitus dogmaticus* resultou na evidência de uma crise, denominada por Streck de "crise de paradigma de dupla face", que permite identificar que os métodos utilizados pelo Direito estão ultrapassados e que há uma necessidade de superá-los, principalmente com o advento da Constituição Federal de 1988. O diagnóstico desta problemática permitiu que o autor demonstrasse a dupla face desta crise.

---

[200] ABBOUD, Georges; CARNIO, Henrique Garbellini; TOMAZ DE OLIVEIRA, Rafael. *Introdução à Teoria e à Filosofia do Direito.* 3ª ed. São Paulo: Revista dos Tribunais, 2015. p. 463-464.

[201] STRECK, Lenio Luiz. Hermenêutica, Constituição e autonomia do Direito. In: *Revista de Estudos Constitucionais, Hermenêutica e Teoria do Direito*, 1(1), janeiro-junho, 2009. p. 65-77.

[202] STRECK, Lenio Luiz. *Hermenêutica jurídica e(m) crise*: uma exploração hermenêutica da construção do Direito. 11. ed. Porto Alegre: Livraria do Advogado, 2014. p. 86.

A primeira face delimita-se ao "modelo de direito" que está qualificado tão somente para contendas interindividuais, restando impróprio para resolução dos conflitos transindividuais,[203] demandas essas que vêm tomando grande proporção no sistema jurídico. Já a segunda face é a permanência do esquema sujeito-objeto, firmando a "crise dos paradigmas aristotélico-tomista e da filosofia da consciência".[204] Em outras palavras, esta crise de paradigma de duas faces acaba por sustentar tanto a excessividade do positivismo na observância da legislação e na interpretação do Direito ao ponto de enrijecer o direito e concretizá-lo de uma forma objetiva, e, ao mesmo tempo, permite a concepção de que a legislação é mera "fumaça do direito", permitindo que o intérprete possa avançar e alargar sua interpretação,[205] o que, de fato, também configura um ato abusivo da subjetividade.

No intuito de expor, levanta pontos que permanecem inalterados e, consequentemente, prejudicam a melhor aplicabilidade do Direito, obstaculizando a perfectibilização de um sistema eficaz. Dentre os pontos ressaltados por Streck estão: a) ainda se tem a concepção que a lei é a única fonte do Direito; b) permanece-se ignorando os princípios e aplicando a litúrgica sistemática das regras; c) como já referida, a relação sujeito-objeto permanece firme, desconsiderando-se o giro linguístico-ontológico; d) falta de compreensão da relação entre texto e norma, estabelecendo-se um "ceticismo hermenêutico" que implica a arbitrariedade na interpretação.[206] Estes apontamentos são imprescindíveis ao ponto de que Streck não só demonstra as atuais mazelas de nosso sistema jurídico, mas propõe a resolução, ou mitigação, das dificuldades que existem na decisão proferida pelo Judiciário e, também, aplicada à estrutura jurídica como um todo, inclusive ao Ministério Público.

A Crítica Hermenêutica do Direito de Streck surge no sentido de se constituir uma ferramenta para interpretação do Direito, utilizando-se do método fenomenológico de Heidegger como "interpretação ou hermenêutica universal" e "ser que pode ser compreendido" de Gadamer, desconstituindo a compreensão linguística da metafísica ocidental, revelando-se a "analítica da linguagem, numa imediata

[203] STRECK, Lenio Luiz. *Verdade e consenso*: constituição, hermenêutica e teorias discursivas. 4ª ed. São Paulo, Saraiva, 2011. p. 243.

[204] *Ibid.*, p. 244.

[205] *Ibid.*, p. 244.

[206] STRECK, Lenio Luiz. Devemos nos importar, sim, com o que a doutrina diz. In: *Conjur*. Disponível em: <http://www.conjur.com.br/2006-jan-05/devemos_importar_sim_doutrina>. Acesso em 16/06/2018.

proximidade com a práxis humana, como existência e facticidade",[207] com o viés de atingir a compreensão de que a linguagem é "um horizonte aberto e estruturado e a interpretação faz surgir o sentido".[208]

Em *Verdade e Consenso*, o autor passa a dar maior ênfase às decisões em si, sua preocupação deixa de ser apenas vinculada ao método interpretativo, passando a ser o ponto referencial da discussão a decisão judicial, já abordada em outras obras antigas do autor.[209] Neste ponto, passa-se a desenvolver uma Teoria da Decisão de modelo construtivista, impondo-se ônus ao intérprete quando da elaboração de sua decisão, devendo ele, a partir desta análise, proferir sua decisão de forma correta (adequada à Constituição Federal).

A teoria de Streck, então, passa a aproximar-se da teoria de Dworkin, principalmente nos pontos de responsabilidade política dos magistrados, da moral pública, da reconstrução da história institucional do Direito; da integridade e da coerência do Direito. Streck aponta que sua teoria coincide quando posta em comparação à teoria do Direito de Dworkin, porquanto ambos realizam uma forte crítica à discricionariedade judicial que, implicitamente, expõe a problematização do subjetivismo.[210]

> [...] Ademais, a relevância da história institucional para dizer o direito; a necessidade de uma legitimação que transcenda o sistema de regras; a necessidade de um tratamento igualitário aos cidadãos por parte da jurisdição; e o direito como um conceito interpretativo, entre outras, são aproximações/incorporações que fazemos da teoria dworkiniana.[211]

A construção de Streck visa a mitigar os abusos decisionistas, apontando uma impossibilidade de utilização do subjetivismo, da vontade ou do sentimento do juiz ao prolatar sua decisão. É nesta linha que se vislumbra a reconstrução institucional do Direito, tolhendo o arbítrio por meio da aplicação dos princípios e com o afastamento da moral e da política.

A fim de alcançar a concretização de sua teoria, Streck elenca cinco princípios que devem ser resguardados para estabelecer padrões hermenêuticos na interpretação e aplicação do Direito, sendo eles: 1) preservação à autonomia do Direito; 2) o controle hermenêutico da

---

[207] STRECK, Lenio Luiz. *Lições de Crítica Hermenêutica do Direito*. 2ª ed. Porto Alegre: Livraria do Advogado, 2016. p. 11.

[208] *Ibid.*, p. 10-11.

[209] ABBOUD, Georges; CARNIO, Henrique Garbellini; OLIVEIRA, Rafael Tomaz de. *Introdução à Teoria e à Filosofia do Direito*. 3 ed. São Paulo: Revista dos Tribunais, 2015. p. 464.

[210] STRECK, Lenio Luiz. A crítica hermenêutica do direito e a questão da discricionariedade judicial. *Revista Direito e Liberdade*, ESMARN, vol. 18, n. 1, p. 221-245, jan./abr. 2016.

[211] *Ibid.*

interpretação constitucional, a superação da discricionariedade (tipicamente positivista) e o papel de "constrangimento epistemológico" destinado à doutrina; 3) respeito à integridade e à coerência do e no Direito; 4) dever fundamental (direito fundamental) de motivação/fundamentação das decisões judiciais (a fundamentação da fundamentação); 5) direito fundamental a uma resposta constitucionalmente adequada.[212]

Toda teoria exposta por Streck demonstra a necessidade de vinculação da decisão do juiz à legislação, respeitando métodos interpretativos-hermeneutas, no intuito de reduzir discricionariedades. Contudo, o autor reconhece que existem hipóteses em que o Judiciário está autorizado a não aplicar a lei, as quais são: 1) o ato normativo é inconstitucional, assim declarado via controle difuso ou concentrado de constitucionalidade; 2) a aplicação dos critérios de resolução de antinomias; 3) a interpretação conforme à Constituição; 4) a nulidade parcial sem redução de texto; 5) a nulidade parcial com redução de texto; e 6) a regra jurídica viola um princípio constitucional.[213]

Tem-se, dessa forma, que Streck, ao construir uma nova teoria da decisão com uma crítica hermenêutica, elabora uma novel forma de interpretação e aplicação do Direito, visando a garantir uma adequada aplicação da Constituição Federal. Nessa teoria, o autor aponta formas de mitigar a discricionariedade do juiz, tracejando critérios que devem ser cumpridos quando do proferir da sentença. Todavia, o autor reconhece que há momentos em que o Judiciário poderá deixar de aplicar a legislação para tomar outra decisão, sendo casos específicos e taxativos.

4.2. Eficiência e a hélice tríplice como meio de otimização legitimadora no processo penal: uma necessária visão onto-antropológica

E aqui é que se recupera também o que já se apontou em outra ocasião. A necessidade de se estruturar uma noção de eficiência em

[212] Entrevista concedida por STRECK, Lenio Luiz. *Revista do Tribunal de Contas de Minas Gerais*. Vol. 81, n. 4, ano XXIX. [out., set. e dez., 2011]. Belo Horizonte, 2011. Entrevistadores: FERRAZ, Leonardo de Araújo; MARCHESANI, Juliana Mara; DE ARAUJO, Silvia Costa Pinto Ribeiro. Disponível em: <http://revista.tce.mg.gov.br/Content/Upload/Materia/1302.pdf>. Acesso em: 16/06/2018.

[213] STRECK, Lenio Luiz. Aplicar a "letra da lei" é uma atitude positivista?. In: *Novos Estudos Jurídicos* – Eletrônica. Vol. 15. n. 01. p. 158-173. Jan., abr. 2010. Disponível em: <http://siaiap32.univali.br/seer/index.php/nej/article/view/2308/1623>. Acesso em: 16/06/2018.

processo penal que não destrua a relativa autonomia do Direito, como ciência prático-normativa.[214]

Como referido anteriormente, só haverá legitimidade autêntica em processo penal se houver equilíbrio entre a hélice tríplice formada por Garantias, Justiça e Eficiência. Isto é, é essencial um processo penal acusatório que proteja garantias, mas que chegue ao fim em tempo razoável, a fim de absolver ou condenar o acusado.

É indispensável, pois, quando se trata de eficiência, trazer à tona o pensamento de Faria Costa, de modo que a ciência penal não perca um certo caráter ontológico. Para Faria Costa, o fundamento do direito penal está na relação comunicacional de origem ontoantropológica, na concepção de "cuidado-de-perigo", a qual permite depreender que o delito é a perversão dessa relação.[215] Ou seja, o direito penal deve ser visto como uma ordem relacional.[216]

Para Faria Costa, a finalidade é o alcançamento da justiça e da paz. Referente ao sistema, o autor explica que este é definido por dois grandes eixos normativos: "fragmentariedade e unidade lógica e intencional da dogmática". Enquanto o primeiro direciona-se à "pluralidade de normas de proibição e sancionatórias" (parte especial do direito penal), o segundo conceitua-se por "normas que cristalizam axiomas (normativos), por normas condensadoras de princípios, normas sobre normas, normas definitórias e normas que sustentam regras jurídicas"[217] (parte geral do direito penal).

Por último, a fim de completar a breve conceituação da concepção ontoantropológica do direito penal, tem-se a função, que, para Faria Costa, é, em figura primacial, proteger bens jurídico-penais, contudo, há que se mencionar outras funcionalidades, como a garantia, a segurança e a coesão. Essas funções não só são compreendidas

---

[214] WEDY, Miguel Tedesco. *A eficiência e sua repercussão no direito penal e processo penal*. Porto Alegre: Elegantia Juris, 2016.

[215] FARIA COSTA, José de. *Noções fundamentais de direito penal*. 3ª ed. Coimbra: Coimbra Editora, 2012. p. 10.

[216] Sobre a concepção de ordem relacional e direito penal, o autor afirma que: "Ordem relacional, não só porque, como vimos, tudo se fundamenta em uma 'primeira' relação comunicacional de raiz onto-antropológica, como também, agora a partir de uma óptica fenomenológica, porque o direito penal não pode deixar de ser percebido numa rede de relacionações. Relacionação, sobre tudo, entre as três figuras principais que fomentam e constroem a actual discursividade penal, quais sejam: a vítima, o delinquente e o Estado". (FARIA COSTA, José de. *Noções fundamentais de direito penal*. 3ª ed. Coimbra: Coimbra Editora, 2012. p. 11). Ainda sobre o tema, ver: FARIA COSTA, José de. O direito penal, a linguagem e o mundo globalizado: Babel ou esperanto universal? In: *Direito penal e política criminal no terceiro milênio*: perspectivas e tendências. [recurso eletrônico]. Congresso Internacional em Direito Penal, 8º Congresso Transdisciplinar de Estudos Criminais; Org. Fabio Roberto D'Avila. Porto Alegre: EDIPUCRS, 2011. p. 11-24. Disponível em: <http://ebooks.pucrs.br/edipucrs/direitopenal.pdf>. Acesso em: 24 jun. 2018.

[217] FARIA COSTA, *loc. cit.*, p. 07 e 12-13.

na pretensão de "desenvolvimento da personalidade humana, mas também a normal expansão e concretização dos interesses e valores da comunidade".[218]

Embasado nesses pilares, a eficiência passa a tomar forma "a partir de um fundamento (a relação ontoantropológica), de uma função (a proteção subsidiária dos bens jurídicos mais importantes) e de uma finalidade (o alcançamento da justiça e da paz jurídica)".[219] Por força da desenvoltura de uma eficiência meramente instrumental em que se glorificou o entendimento de que um processo célere reduziria a criminalidade, necessitou-se desenvolver essa visão penal da eficiência, a fim de afastar os abusos dessa mera eficiência funcional.

É nessa linha que se formula a hélice tríplice no direito processual penal, passando a demonstrar a imprescindibilidade de busca pelo equilíbrio entre as ideias de eficiência, de garantias e de justiça:

> Isto é, sem garantias não haverá justiça e eficiência legítima, sem justiça não há eficiência, sem eficiência não há garantias ou justiça. E, sem garantias, eficiência e justiça, não há legitimidade dentro do contexto de um Estado Democrático de Direito. Por certo que haverá aqui algum reparo, capaz de opor ou advertir que esse equilíbrio não será fácil. Por certo que não [...].[220]

Assim, tem-se que este difícil combate deverá contar com a efetiva concepção de garantias, afinal, a hélice tríplice necessita de seus três pilares para que o processo penal, como um todo, torne-se eficiente e permaneça legítimo. As garantias, por muitas vezes, revestem-se de direito aos cidadãos, elas são o meio assecuratório de que o Estado não ultrapassará seus limites, seja por meio de uma norma que conceda esse direito material, seja por um acessório instrumental de garantia. É aqui que se destaca a colocação de Gomes Canotilho: "Rigorosamente, as clássicas garantias são também direitos, embora muitas vezes se salientasse nelas carácter instrumental de proteção dos direitos".[221]

Nominar as garantias é uma tarefa difícil, para não se dizer impossível, todavia, é preciso observar que a própria Constituição Federal concede garantias mínimas, especialmente em seu rol pétreo, estando ali, como refere Gomes Canotilho, as garantias que se podem identificar como clássicas, tais como garantias materiais da ampla

---

[218] COSTA, José de Faria. *Noções fundamentais de direito penal*. 3ª ed. Coimbra: Coimbra Editora, 2012. p. 13-16.

[219] WEDY, Miguel Tedesco. Eficiência, garantias e justiça no processo penal. In: *Revista de Estudos Criminais*, n. 52, Jan./Mar. 2014. p. 163-186.

[220] *Ibid.*, p. 163-186.

[221] CANOTILHO, J. J. Gomes. *Direito constitucional e teoria da constituição*. 7ª ed., 15ª reimp. Coimbra: Edições Almedina, 2003. p. 396.

defesa, do contraditório, do devido processo legal, da presunção de inocência, da legalidade (legalidade penal – *nullum crimen sine lege*), entre tantas outras, bem como as instrumentais, o *habeas corpus*, mandado de segurança, mandado de injunção, *habeas data*, entre outros meios impugnativos de abusos.

Também é preciso observar o outro pilar, a justiça (e paz jurídica),[222] essa que é tida como finalidade do direito penal. Seguindo a compreensão de que a dignidade da pessoa humana está no centro da discussão entre direito e justiça, havendo o reconhecimento de que o "sujeito portador do valor absoluto não é a comunidade ou a classe, mas o homem pessoal [...]",[223] pode-se dizer que Justiça "[...] é essa equidade, essa proporção, essa mediania, essa prudência na criação e aplicação do direito, sempre dentro de um parâmetro constitucional e dos princípios fundamentais do direito penal".[224] Ou seja, quando se trata aqui de Justiça, não se quer dar uma visão particular, mas trazer a ideia de que a Justiça e a afirmação das normas democráticas estabelecidas pela sociedade em determinado momento histórico, não aquilo que o intérprete quer, livremente.

Assim, a legitimidade maior do processo penal decorre justamente desse equilíbrio entre Justiça, Garantias e Eficiência. Sob este olhar, podem-se perceber efeitos deletérios da decisão que permitiu a execução provisória da pena. Primeiro, por gerar instabilidade jurídica, decorrente do descumprimento de texto expresso da Constituição. O efeito de arrasto que uma decisão dessas pode gerar é irrefreável, já que pode-se alastrar pelo ordenamento jurídico, de modo a que não se garanta, em nenhuma outra esfera, o conteúdo das normas legais e constitucionais.

No caso da execução provisória da pena, à luz do texto constitucional, ela é inadmissível. Isso não impede que antes do trânsito em

222 Sobre a conceituação de paz jurídica: "Um quadro particularmente interessante no adensamento compreensivo da ideia de paz jurídica pode surpreender-se na afirmação de que a ordem jurídica é, em substância, uma ordem de paz. Uma ordem de paz, não só porque ao resolver, com justiça, os conflitos nela suscitados prossegue a paz, mas também, sobretudo porque pretende que cada um dos seus membros desenvolva uma vida, desenvolva a sua personalidade dentro de pressupostos, agora valorados de um ponto de vista individual, que lhe potencie a paz jurídica individual. De sorte que, com a noção de paz jurídica, se toquem, talvez melhor, se cruzem, os valores comunitários que a paz jurídica na sua vertente social e os não menos intensos valores que a paz jurídica, olhada de um ângulo estritamente pessoal não deixa de satisfazer". (COSTA, José de Faria. O direito penal e o tempo (algumas reflexões dentro do nosso tempo e em redor da prescrição). In: *Linhas de direito penal e de filosofia*: alguns cruzamentos reflexivos. Coimbra: Editora Coimbra, 2005. p. 184-185).

223 NEVES, António Castanheira. Justiça e direito. In: *Digesta*: escritos acerca do pensamento jurídico, da sua metodologia e outros. Vol. 1. Coimbra: Coimbra Editora, 1995. p. 180-181.

224 WEDY, Miguel Tedesco. *A eficiência e sua repercussão no direito penal e processo penal*. Porto Alegre: Elegantia Juris, 2016. p. 202.

julgado sejam determinadas medidas cautelares, seja para a manutenção e proteção do manancial probatório dos autos, seja para a garantia da aplicação da lei penal, em situações de indícios objetivos de fuga ou reiteração delitiva.[225]

Assim, a possibilidade de executar provisoriamente a pena por justificativa de inexistência de efeito suspensivo ao recurso seria "uma forma sutil de fazer menoscabo ao princípio da presunção de inocência",[226] porquanto é necessário preservar a referida garantia até o final, ressalvando-se os casos de necessária intervenção cautelar. Quanto à situação gradual da presunção de inocência, não há um "estado neutro" da presunção de inocência. É inaceitável que se permita que na medida em que o processo tramite haja a redução da presunção de inocência, podendo-se abrir interpretações de que com a decisão condenatória de primeira instância poder-se-ia haver inversão do referido postulado.

Por isso que se impõe afirmar que o processo penal deve abarcar eficiência, garantias e justiça, sob pena de esvair-se a legitimidade de ação do Estado. É preciso que exista o efetivo equilíbrio da hélice tríplice, para que não haja um processo autoritário, ou relativista e fraco, "despreocupado com a persecução penal, e com a justiça".[227]

Entretanto, não se ignoram as dificuldades de aplicação da eficiência:

> [...] Embora as garantias estejam expressas nas normas e nas Constituições democráticas, como aquelas de Portugal e de Brasil, a sua implementação prática dependerá, por certo, da capacidade dos tribunais de institucionalizarem juridicamente o texto constitucional e infraconstitucional. Dependerá da capacidade de se vislumbrar a eficiência a partir daquela ideia ontoantropológica, capaz de robustecer garantias. Dependerá de uma ideia de justiça como equilíbrio, como ponderação de garantias, como equidade, como razoabilidade, como medianidade. Não é fácil, pois, esse equilíbrio. No entanto, ele é fundamental para a construção de um processo penal legítimo. E, importa ressaltar, esse equilíbrio não será feito de pesos iguais entre a justiça, a eficiência e as garantias.[228]

Nesse ponto pode haver um encontro entre a resposta constitucionalmente adequada de Streck e a eficiência que aqui se sustenta.

---

[225] WEDY, Miguel Tedesco. *A eficiência e sua repercussão no direito penal e processo penal*. Porto Alegre: Elegantia Juris, 2016. p. 370-372.

[226] *Ibid.*, p. 373.

[227] WEDY, Miguel Tedesco. *Eficiência e prisões cautelares*. Porto Alegre: Livraria do Advogado, 2013. p. 18.

[228] WEDY, Miguel Tedesco. Eficiência, garantias e justiça no processo penal. In: *Revista de Estudos Criminais*, n. 52, Jan./Mar. 2014. p. 163-186.

4.3. A eficiência como resposta adequada à Constituição Federal e a presunção de inocência: o cumprimento provisório da pena e a mitigação de garantias

Pelos motivos antes expostos, foi preciso aprofundar a concepção de resposta adequada à Constituição Federal. Assim, passa-se a identificar outros pontos importantes no âmbito desse diagnóstico, como o respeito à garantia da presunção de inocência na construção de um processo penal-constitucional, bem como o entrelaçamento entre a resposta adequada à Constituição Federal e a eficiência onto-antropológica.

4.3.1. A garantia da presunção de inocência e o processo penal constitucional

A Constituição Federal de 1988 foi, sem sombra de dúvida, marco único na história da república e da democracia no Brasil. Desenvolvida por diversas classes sociais, estabeleceu garantias individuais e direitos fundamentais.[229] Uma Carta Política que, acima de tudo, preservou o indivíduo dos abusos do Estado sem desrespeitar os interesses da coletividade, sendo, por esses motivos, denominada pelo presidente da Assembleia Constituinte, Ulysses Guimarães, de "Constituição Cidadã".[230]

Essa força normativa – seguindo linhas internacionais de proteção ao indivíduo, como se observam dos textos da Declaração Universal dos Direitos Humanos[231] e do Pacto Internacional sobre Direitos Civis e Políticos[232] – reproduz seus efeitos em todo o ordenamento jurídico, especialmente no processo penal, que lida com a mais contundente intervenção estatal, porquanto permite, legalmente, a segregação

---

[229] Sobre o tema de deveres e direitos: CANOTILHO, J. J. Gomes. *Direito constitucional e teoria da constituição.* 7ª ed., 15ª reimp. Coimbra: Edições Almedina, 2003. p. 533

[230] GUIMARÃES, Ulysses. [Discurso] 05 out. 1988, na Sessão da Assembleia Nacional Constituinte. Brasília, 1988. Discurso recitado pelo Presidente da Assembleia Constituinte. Disponível em: <http://www2.camara.leg.br/atividade-legislativa/plenario/discursos/escrevendohistoria/25-anos-da-constituicao-de-1988/constituinte-1987-1988/pdf/Ulysses%20Guimaraes%20-%20DISCURSO%20%20REVISADO.pdf>. Acesso em 25 jun. 2018.

[231] NAÇÕES UNIDAS. Assembleia Geral. *Declaração universal dos direitos humanos.* Adotada e proclamada pela resolução 217 A III da Assembleia Geral das Nações Unidas em 10 de dezembro de 1948. Nova Iorque, 1948. Disponível em: <https://www.unicef.org/brazil/pt/resources_10133.htm>. Acesso em: 25 jun. 2018.

[232] BRASIL. *Decreto n. 592, de 06 de julho de 1992.* Atos Internacionais. Pacto Internacional sobre Direitos Civis e Políticos. Promulgação. Disponível em: <http://www.planalto.gov.br/ccivil_03/decreto/1990-1994/d0592.htm>. Acesso em: 25 jun. 2018.

do indivíduo, a violação de um dos bens jurídicos mais relevantes ao ser humano: a liberdade.

Partindo-se, então, dessa visão constitucional, tem-se que o processo penal não se vincula, diretamente, ao preceitos estabelecidos no ordenamento infraconstitucional, mas sim, em *prima face*, ao ordenamento constitucional, devendo esse ser utilizado como filtro interpretativo das demais normas, assim que surge a concepção de um processo penal-constitucional, em que as normas processuais devem ser interpretadas à luz dos princípios e das regras constitucionais. "É verificar a adequação das leis à letra e ao espírito da Constituição. É vivificar os textos legais à luz da ordem constitucional [...]".[233] E, por essas circunstâncias, é que se depreende que a eficiência deve, em mesmos moldes, ser aplicada ao processo penal, a fim de reproduzir um processo constitucional, o qual assegura ao Estado meios de proceder com seu poder punitivo e, ao mesmo tempo, fornecer as garantias inarredáveis ao cidadão,[234] uma vez que ao processo penal cabe "[...] a punição dos culpados juntamente com a tutela dos inocentes".[235]

Importa referir a concepção constitucional do processo, porquanto a Constituição Federal impõe, em seu art. 5º, inciso LVII, que ninguém será considerado culpado até o trânsito em julgado de sentença penal condenatória. O texto, em outras palavras, garante ao cidadão o direito de não ser culpado até o trânsito em julgado de sentença penal condenatória.[236] Isso, por outro lado, não permite e nem autoriza a

---

[233] GRINOVER, Ada Pellegrini. *Novas tendências do direito processual de acordo com a constituição de 1988*. Rio de Janeiro: Forense Universitária, 1990. p. 14.

[234] FERNANDES, Antonio Sacarance. *Processo penal constitucional*. 6ª ed. São Paulo: Editora Revista dos Tribunais, 2010. p. 22.

[235] FERRAJOLI, Luigi. *Direito e razão*: teoria do garantismo penal. 4ª ed., rev. Trad. Ana Paula Sica, Fauzi Hassan Choukr, Juarez Tavares, Luiz Flávio Gomes. São Paulo: Editora Revista dos Tribunais, 2014. p. 556.

[236] Acerca do trânsito em julgado, tem-se que é o estado imutável da sentença, isto é, quando impossível de se utilizar de mecanismos recursais que permitam modificar a sentença e, faz-se um destaque para isso, a Constituição Federal, em nenhum momento, expressa um "trânsito em julgado fático", mas retrata em seu mais amplo sentido o conceito de trânsito em julgado. É preciso depreender essa circunstância, porquanto o Supremo Tribunal Federal compreende que, por inexistir possibilidade de se rediscutir fatos nos recursos extraordinários *lato sensu*, haveria o trânsito em julgado. Para clarear a discussão, Badaró ressalta que: "Assim, o trânsito em julgado da sentença penal condenatória ocorre no momento em que a sentença ou o acórdão torna-se imutável, surgindo a coisa julgada material. Não há margem exegética para que a expressão seja interpretada, mesmo pelo Supremo Tribunal Federal, no sentido de que o acusado é presumido inocente, até o julgamento condenatório em segunda instância, ainda que interposto recurso extraordinário para o Supremo Tribunal Federal ou recurso especial para o Superior Tribunal de Justiça" (BADARÓ, Gustavo Henrique Righi Ivahy. É temerário admitir que o STF pode "criar" um novo conceito de trânsito em julgado. In: *Conjur*. Disponível em: <https://www.conjur.com.br/2018-abr-03/badaro-stf-nao-criar-conceito-transito-julgado#_ftn1>. Acesso em: 25 jun. 2018).

restrição da liberdade, antes do trânsito em julgado, exceto nos casos de flagrante e de prisões cautelares. Ora, se um indivíduo não pode ser culpado até o trânsito em julgado, ele só pode ser preso com o aporte de um fundamento cautelar.

A decisão que permitiu a execução provisória da pena descumpriu o texto constitucional e enveredou por uma visão neoconstitucionalista,[237] ponderando princípios e inclinando-se ao moralismo, desvirtuando o processo penal. Em uma visão equilibrada do exercício da jurisdição, a legitimidade dos atos jurisdicionais depende fundamentalmente da efetiva aplicação das normas.

4.3.2. *Eficiência, processo penal e Constituição Federal: há uma resposta adequada no caso do cumprimento provisório da pena?*

Como referimos anteriormente, a eficiência não é desprezível no atual quadrante histórico. A exposição de motivos do Código de Processo Penal português refere expressamente a eficiência:

> Mesmo no contexto de uma apresentação sumária, não pode deixar de sublinhar-se outra das motivações que esteve na primeira linha dos trabalhos de reforma: a procura de uma maior celeridade e eficiência na administração da justiça penal.
>
> Importa, contudo, prevenir que a procura da celeridade e da eficiência não obedeceu a uma lógica paramente economicista de produtividade pela produtividade. A rentabilização da realização da justiça é apenas desejada em nome do significado directo da eficiência para a concretização dos fins do processo penal: realização da justiça, tutela de bens jurídicos, estabilização das normas, paz jurídica dos cidadãos. A eficiência é, por um lado, o espelho da capacidade do ordenamento jurídico e do seu potencial de prevenção, que, sabe-se bem, tem muito mais a ver com a prontidão e a segurança das reacções criminais do que com o seu carácter mais ou menos drástico. A imagem de eficiência constitui, por outro lado, o antídoto mais eficaz contra o recurso a modos espontâneos e informais de autotutela ou ressarcimento, catalisadores de conflitos e violências dificilmente controláveis. Mas a eficiência – no sentido de redução das cifras negras e das desigualdades a que elas obedecem – pode também valer como a garantia da igualdade da lei em acção, critério fundamental da sua legitimação material e, por isso, da sua aceitação e interiorização colectiva.
>
> Acresce que a celeridade é também reclamada pela consideração dos interesses do próprio arguido, não devendo levar-se a crédito do acaso o facto de a Constituição, sob

[237] Sobre uma visão de ponderação no caso da ficha limpa, destaca-se o exposto por Streck e Oliveira: "Claro que, para os adeptos do constitucionalismo principialista (ou do chamado neoconstitucionalismo) que acreditam na 'fórmula da ponderação', caberia sempre apostar na saída de afirmar que, no caso apresentado, existe uma colisão entre o princípio da presunção de inocência (art. 5º, LVII) com o princípio da moralidade da administração pública (art. 37, caput). De toda sorte, a ponderação – enquanto fórmula que antecede o caso – não oferece uma resposta adequada ao problema proposto [...]". (STRECK, Lenio Luiz; OLIVEIRA, Rafael Tomaz de. *O que é isto – as garantias processuais penais?* Porto Alegre: Livraria do Advogado Editora, 2012. p. 83).

influência da Convenção Europeia dos Direitos do Homem, lhe ter conferido o estatuto de um autêntico direito fundamental. Há, pois, que reduzir ao mínimo a duração de um processo que implica sempre a compressão da esfera jurídica de uma pessoa que pode ser – e tem mesmo de presumir-se – inocente. Como haverá ainda que prevenir os perigos de uma estigmatização e adulteração irreversível da identidade do arguido, que pode culminar no compromisso com uma carreira delinquente. De resto, a aceleração processual redundará tanto mais em favorecimento do arguido quanto mais ela tiver por reverso – como sucede no presente Código – um reforço efectivo da sua posição processual.[238]

Já, no Brasil, desde a alteração constitucional de 1998, a eficiência passou a ter previsão expressa no texto, especialmente na esfera da administração pública (art. 37 da CF/88).

Já foi exposto que Streck traz, em sua teoria da decisão, critérios mitigadores da discricionariedade, da evolução de um panprincipiologismo,[239] na pretensão de preservar o direito, de manter uma efetiva igualdade constitucional, para se concretizar uma teoria pós-positivista. Entretanto, para isso, é preciso que (i) se depreenda que uma teoria pós-positivista não pode realizar uma mixagem teórica e (ii) que se combata o solipsismo epistemológico.[240] Para tanto, o autor fundamenta que as teorias do direito e da Constituição que estejam de fato comprometidas com a democracia e com a perfectibilização dos direitos fundamentais-sociais dispostos na Constituição, devem recepcionar um conjunto de princípios que estabeleçam padrões hermenêuticos,[241] já apontados anteriormente.

---

[238] PORTUGAL. *Decreto-Lei n. 78, de 17 de fevereiro de 1987*. Código de Processo Penal. Disponível em: <http://www.pgdlisboa.pt/leis/lei_mostra_articulado.php?nid=199&tabela=leis&so_miolo=>. Acesso em 25 jun. 2018.

[239] Sobre panprincipiologismo, fica a definição de Streck: "Em linhas gerais, o panprincipiologismo é um subproduto das teorias axiologistas que redundaram naquilo que vem sendo chamado de neoconstitucionalismo e que acaba por fragilizar as efetivas conquistas que formaram o caldo de cultura que possibilitou a consagração da Constituição brasileira de 1988. Esse panprincipiologismo faz com que – a pretexto de se estar aplicando princípios constitucionais – haja uma proliferação incontrolada de enunciados para resolver determinados problemas concretos, muitas vezes ao alvedrio da própria legalidade constitucional. Como bem acentua Otávio Rodrigues Júnior (2011, pp. 43 e segs.), no âmbito do Direito civil essa proliferação de princípios vem comprometendo a sua força normativa. Essa problemática se estende aos demais ramos e às disciplinas jurídicas". (STRECK, Lenio Luiz. *Dicionário de hermenêutica*: quarenta temas fundamentais da teoria do direito à luz da crítica hermenêutica do Direito. Belo Horizonte: Letramento, 2017. p. 150)

[240] Sobre solipsismo, Streck refere que: "Do latim *solus* (sozinho) e *ipse* (mesmo), o solipsismo pode ser entendido como a concepção filosófica de que o mundo e o conhecimento estão submetidos estritamente à consciência do sujeito. Ele assujeita o mundo conforme o seu ponto de vista interior. Epistemologicamente, o solipsismo representa o coroamento da radicalidade do individualismo moderno em seu sentido mais profundo". (STRECK, Lenio Luiz. *Dicionário de hermenêutica*: quarenta temas fundamentais da teoria do direito à luz da crítica hermenêutica do Direito. Belo Horizonte: Letramento, 2017. p. 273).

[241] STRECK, Lenio Luiz. *O que é isto? – decido conforme minha consciência?* 4ª ed., rev. Porto Alegre: Livraria do Advogado Editora, 2013. p. 105-106.

Partindo-se, então, do primeiro fim de padrões hermenêuticos estabelecidos por teorias do direito e da Constituição que possuem essa preocupação com a democracia e com a concretização de direitos fundamentais-sociais previstos na Constituição, tem-se a "preservação da autonomia do direito", na qual se busca blindar o direito de ataques a sua autonomia, historicamente conquistada. De acordo com o autor, dois são os "predadores" do direito, sendo os endógenos – representados pelo senso comum teórico, panprincipiologismo, pelas teses que relativizam a coisa julgada, por aqueles que apostam na discricionariedade judicial, entre outros – e os exógenos – atuantes na teoria do direito, empregadores da moral como forma corretiva do direito, a política, quando se busca fragilizar direitos fundamentais, bem como pelo discurso *law economics*.[242] A eficiência que referimos, não está em desacordo com essa referida finalidade.[243] Assim, não se despreza que o utilitarismo e a análise econômica possuem suas valências. Porém, tais valências não podem suprimir garantias fundamentais expressas na Constituição. Também, na relação de respeito às garantias constitucionais, há de se refutar a viabilidade do decisionismo, de modo a se reforçar a integridade da Constituição Federal.[244]

Porém, não é isso que se vê das fundamentações que determinaram a execução provisória da pena. As fundamentações referidas diminuem ou desprezam a autonomia do Direito.

E essa visão discricionária é levada à segunda finalidade, do "estabelecimento de condições hermenêuticas para a realização de um controle da interpretação constitucional", isto é, estabelecer limites na interpretação do direito, cerne das teorias do direito e da Constituição.

Na ideia de eficiência, há duas questões a serem levadas em consideração para que haja verdadeiro controle na aplicação da eficiência como meio de otimização do processo penal. A primeira é que se delimite a legitimação da eficiência pelos princípios e pela Constituição, fazendo justiça dentro dos limites da Carta Política;[245] já o segundo é que a eficiência deve ser aplicada em sua hélice tríplice, respeitando

---

242 STRECK, Lenio Luiz. *Verdade e consenso*: constituição, hermenêutica e teorias discursivas. 4ª ed. São Paulo, Saraiva, 2011. p. 585-586.

243 COSTA, José de Faria. *Noções fundamentais de direito penal*. 3ª ed. Coimbra: Coimbra Editora, 2012. p. 12-14.

244 Aqui se destaca a crítica quanto aos abusos da proporcionalidade e da ponderação nas decisões, almejando a fragilização das garantias.. WEDY, Miguel Tedesco. *A eficiência e sua repercussão no direito penal e processo penal*. Porto Alegre: Elegantia Juris, 2016. p. 295-296.

245 WEDY, Miguel Tedesco. *A eficiência e sua repercussão no direito penal e processo penal*. Porto Alegre: Elegantia Juris, 2016. p. 294.

o próprio instituto da eficiência, as garantias e a justiça, a fim de que haja um equilíbrio.[246]

Desse modo, por certo, será reforçada a crença no Direito e nas próprias normas, o que é essencial para a estabilidade jurídica.

[246] WEDY, Miguel Tedesco. *A eficiência e sua repercussão no direito penal e processo penal*. Porto Alegre: Elegantia Juris, 2016. p. 290-291.

Considerações finais

O presente trabalho objetivou refletir sobre os temas da eficiência e do utilitarismo à luz da decisão do Supremo Tribunal Federal sobre a execução provisória da pena.

Com a utilização do método fenomenológico-hermenêutico, objetivou-se, como descrito no início deste trabalho, identificar se o Supremo Tribunal Federal, nas últimas e repercutidas decisões que autorizaram a retomada da execução provisória da pena, empregou ao processo penal um conceito de eficiência que encontra guarida na Constituição Federal. Para isso, foram determinados alguns parâmetros: i) constatar algumas das causas geradoras da crise no direito penal e processo penal; (ii) diagnosticar alguns de seus sintomas, especialmente na realidade brasileira; (iii) avaliar a noção de eficiência para o presente estudo; (iv) realizar análise da decisão proferida sobre o *Habeas Corpus* n. 84.078/MG, bem como destacar os principais fundamentos lançados no *Habeas Corpus* n.126.292/SP, na Medida Cautelar da Ação Declaratória de Constitucionalidade n. 43/DF (e 44/DF), bem como no *Habeas Corpus* n. 152.757.

Assim, passou-se a reconhecer a existência de uma crise enfrentada pelo direito penal e o processual penal contemporâneos, de modo a analisar algumas das causas que vêm modificando a forma de agir do Estado quanto ao direito penal e processual penal, seguindo as linhas apresentadas por Silva Sánchez sobre a expansão do direito penal.

Diagnosticou-se que fenômenos como a globalização propagaram uma sociedade com menor tolerância para os riscos. Imersa em uma sociedade que não tolera mais o risco e as diferenças do outro, o direito penal passou a ser utilizado para repreender o perigo, não o dano, na pretensa tentativa de redução do medo. A sociedade passou a exigir mais intervenção, mais punição, mais antecipação do direito penal.

Foi relevante também a avaliação do que seria a eficiência em matéria de direito. Viu-se, assim, que a eficiência é um instituto com raiz economicista e estudou-se o ângulo da eficiência utilitária, a qual deriva da teoria utilitarista de Bentham. Compulsou-se também a visão de eficiência da análise econômica do Direito (AED). Vista do ponto posneriano, a AED passou por dois estágios, o primeiro vinculado a uma visão de maximização da riqueza, em que havia uma extrema aplicação da economia nas relações de direito. Posteriormente, houve uma modificação, passando a AED a focar-se no pragmatismo.

A partir dessa visão de eficiência, foram analisadas algumas fundamentações, no âmbito do Supremo Tribunal Federal, acerca da retomada da possibilidade do cumprimento provisório da pena, a fim de identificar o entendimento de eficiência emanado pela Corte Constitucional. De forma crítica à jurisprudência, foi possível evidenciar que os fundamentos que permitiram a execução provisória da pena são essencialmente utilitários e, em pequeno porte, correlatos com a análise econômica.

Por esses motivos, analisou-se, também se as respostas presentes em tais fundamentações estavam adequadas ante o texto da Constituição Federal. Para apontar essa resposta, foi necessária a adoção de certos critérios, especialmente estribados em Lenio Streck, tais como: 1) preservação da autonomia do Direito; 2) o controle hermenêutico da interpretação constitucional, a superação da discricionariedade (tipicamente positivista) e o papel de "constrangimento epistemológico" destinado à doutrina; 3) respeito à integridade e à coerência do e no Direito; 4) dever fundamental (direito fundamental) de motivação/fundamentação das decisões judiciais (a fundamentação da fundamentação); 5) direito fundamental a uma resposta constitucionalmente adequada. Também foi trabalhada uma ideia de eficiência centrada em estabelecer um real equilíbrio entre garantias e justiça, permitindo que o processo penal não seja utilizado indevidamente e fora dos padrões constitucionais. Essa visão eficiente do processo penal também reconhece a necessidade de celeridade, mas reforça a impossibilidade dessa ser justificativa para vilipendiar as garantias no âmbito do processo penal.

Foi possível, por meio dessa pesquisa, identificar que a retomada do cumprimento provisório da pena é mais um sintoma derivado da crise que vem sofrendo o processo penal e a própria jurisdição.

Assim, as fundamentações que legitimaram a execução provisória da pena não estão de acordo com o texto constitucional e também não estão de acordo com a compreensão que aqui se traça, de equilíbrio entre Garantias, Eficiência e Justiça, o que poderia reforçar a afirmação da Constituição, bem como a estabilidade das normas e a crença no Direito. Embora o julgamento de mérito das ADCs que discutiam sobre a constitucionalidade do art. 283 do CPP tenha sido procedente para assim o declarar, é possível, a partir de dubiedades ainda sobre o julgado, que tais fundamentações favoráveis ao cumprimento antecipado da pena, emanadas pelo Supremo Tribunal Federal, possam vir a ser retomadas, gerando o efeito de alastrar pelo ordenamento jurídico o ativismo judicial e o descumprimento das normas como critério modelar de jurisdição, o que será, por certo, um princípio de dissolução social da própria democracia.

Referências

ABBOUD, Georges; CARNIO, Henrique Garbellini; TOMAZ DE OLIVEIRA, Rafael. *Introdução à Teoria e à Filosofia do Direito.* 3ª ed. São Paulo: Revista dos Tribunais, 2015.

ALEMANHA. Constituição (1949). *Grundgesetz.* Disponível em: <http://www.gesetze-im-internet.de/gg/BJNR000010949.html>. Acesso em: 01 jul. 2018.

ANSA. Alemanha pode impor taxa a redes sociais contra fake news. *IstoÉ*, São Paulo, 13 mar. 2017. Disponível em: <https://istoe.com.br/alemanha-pode-impor-taxa-a-redes-sociais-contra-fake-news/>. Acesso em: 26 dez. 2017.

ARGENTINA. Constituição (1995). *Constitución.* Disponível em: <http://servicios.infoleg.gob.ar/infolegInternet/anexos/0-4999/804/norma.htm>. Acesso em: 02 jul. 2018.

BADARÓ, Gustavo Henrique Righi Ivahy. É temerário admitir que o STF pode "criar" um novo conceito de trânsito em julgado. In: Conjur. Disponível em: <https://www.conjur.com.br/2018-abr-03/badaro-stf-nao-criar-conceito-transito-julgado#_ftn1>. Acesso em: 25 jun. 2018

BECK, Ulrich. *La sociedad del riesgo: hacia una nueva modernidad.* Traducción de Jorge Navarro, Daniel Jiménez, Ma. Rosa Borras. Barcelona: Paidós, 1998.

BECKER, Gary S. Crime and punishment: an economic approach. In: *Journal of Political Economy*, n. 76, n. 02, mar./abr. 1968. p. 169-217. Disponível em: <https://www.journals.uchicago.edu/doi/pdfplus/10.1086/259394>. Acesso em: 31 mai. 2018.

BENTHAM, Jeremy. *Escritos económicos.* Trad. Francisco J. Pimentel. Ciudad del México: Fondo de Cultura Económica, 1965.

——. Uma introdução aos princípios da moral e da legislação. Tradução de Luiz João Baraúna. In: *Os pensadores.* 2ª ed. São Paulo: Abril Cultural, 1979. p. 04-68.

BERIAIN, Josetxo. El doble sentido de las consecuencias perversas de la modernidad. In: BERIAIN. *Las consecuencias perversas de la modernidad:* modernidad, contingencia y riesgo. Org. Josetxo Beriain. Trad. de Celso Sánches Capdequí. Barcelona: Anthropos, 1996. p. 07-29.

BLACKBURN, Robert. Britain's unwritten constitution. In: *British Library* – Magna Carta. Disponível em < https://www.bl.uk/magna-carta/articles/britains-unwritten-constitution#authorBlock1>. Acesso em: 01 jul. 2018.

BOTELHO, Martinho Martins. A eficiência e o efeito karldor-hicks: a questão da compensação social. In: *Revista de Direito, Economia e Desenvolvimento Sustentável*, vol. 02, n. 01, Brasília, Jan./Jun. 2016. p. 27-45.

BRASIL. Atlas de Violência de 2016. IPEA-FBSP. Rio de Janeiro, 2018. Disponível em: <http://www.ipea.gov.br/portal/images/stories/PDFs/relatorio_institucional/180604_atlas_da_violencia_2018.pdf>. Acesso em: 22 jul. 2018.

——. Conselho Nacional de Justiça. Banco Nacional de Monitoramento de Prisões. Cadastro Nacional de Presos. Brasília, 2018. Disponível em: <http://www.cnj.jus.br/files/conteudo/arquivo/2018/08/987409aa856db291197e81ed314499fb.pdf>. Acesso em: 23 ago. 2018.

——. Decreto n. 592, de 06 de julho de 1992. Atos Internacionais. Pacto Internacional sobre Direitos Civis e Políticos. Promulgação. Disponível em: <http://www.planalto.gov.br/ccivil_03/decreto/1990-1994/d0592.htm>. Acesso em: 25 jun. 2018.

——. Lei n. 13.655, de 25 de abril de 2018. Inclui no Decreto-Lei nº 4.657, de 4 de setembro de 1942 (Lei de Introdução às Normas do Direito Brasileiro), disposições sobre segurança jurídica e eficiência na criação e na aplicação do direito público. Disponível em: <https://www.planalto.gov.br/ccivil_03/_ato2015-2018/2018/lei/l13655.htm>. Acesso em: 13 jun. 2018.

——. Levantamento nacional de informações penitenciárias: INFOPEN Atualização. Org. Thandara Santos. Col. Marlene Inês da Rosa [*et al.*]. Brasília: Ministério da Justiça e Segurança Pública. Departamento Penitenciário Nacional, 2017. p. 13. Disponível em: <http://depen.gov.br/DEPEN/noticias-1/noticias/infopen-levantamento-nacional-de-informacoes-penitenciarias-2016/relatorio_2016_22111.pdf>. Acesso em: 29 jul. 2018.

——. Supremo Tribunal Federal. ADC n. 29/DF, do Tribunal Pleno. Requerente: Partido Popular Socialista. Relator: Min. Luiz Fux. Brasília, 16 de fev. de 2012. Disponível em: <http://redir.stf.jus.br/paginadorpub/paginador.jsp?docTP=TP&docID=2243342>. Acesso em 15 de jun. 2018.

——. Supremo Tribunal Federal. ADC n. 43/DF, do Tribunal Pleno. Requerente: Partido Ecológico Nacional. Relator: Min. Marco Aurélio. Brasília, 05 de out. de 2016. Disponível em: <http://redir.stf.jus.br/paginadorpub/paginador.jsp?docTP=TP&docID=14452269>. Acesso em 15 de jun. 2018.

——. Supremo Tribunal Federal. Habeas Corpus n. 126.292/SP, do Tribunal Pleno. Paciente: Marcio Rodrigues Dantas. Coator: Relator do HC n. 313.021 do Superior Tribunal de Justiça. Relator: Min. Teori Zavascki. Brasília, 17 de fev. de 2016. Disponível em: <http://redir.stf.jus.br/paginadorpub/paginador.jsp?docTP=TP&docID=10964246>. Acesso em 11 de jun. 2018.

——. Supremo Tribunal Federal. Habeas Corpus n. 68.726/RJ, do Tribunal Pleno. Paciente: Marco Antonio da Fonseca Loureiro. Coator: Tribunal de Alçada Criminal do Estado do Rio de Janeiro. Relator: Min. Néri da Silveira. Brasília, 28 de jun. de 1991. Disponível em: <http://www.stf.jus.br/portal/geral/verPdfPaginado.asp?id=71186&tipo=AC&descricao=Inteiro%20Teor%20HC%20/%2068726>. Acesso em 14 de jun. 2018.

——. Supremo Tribunal Federal. Habeas Corpus n. 72.366/SP, do Tribunal Pleno. Paciente: Nelson de Salvi Junior. Coator: Superior Tribunal de Justiça. Relator: Min. Néri da Silveira. Brasília, 13 de set. de 1995. Disponível em: <http://redir.stf.jus.br/paginadorpub/paginador.jsp?docTP=AC&docID=73718>. Acesso em 14 de jun. 2018.

——. Supremo Tribunal Federal. Habeas Corpus n. 74.983/RS, do Tribunal Pleno. Paciente: Mário Somensi. Coator: Tribunal de Justiça do Estado do Rio Grande do Sul. Relator: Min. Carlos Velloso. Brasília, 30 de jun. de 1997. Disponível em: <http://redir.stf.jus.br/paginadorpub/paginador.jsp?docTP=AC&docID=75650>. Acesso em 14 de jun. 2018.

——. Supremo Tribunal Federal. Habeas Corpus n. 84.078/MG, do Tribunal Pleno. Paciente: Omar Coelho Vitor. Coator: Superior Tribunal de Justiça. Relator: Min. Eros Grau. Brasília, 05 de fev. de 2009. Disponível em: <http://redir.stf.jus.br/paginadorpub/paginador.jsp?docTP=AC&docID=608531>. Acesso em 11 de jun. 2018.

——. Supremo Tribunal Federal. HC n. 152.752/PR, do Tribunal Pleno. Paciente: Luiz Inácio Lula da Silva. Coator: Superior Tribunal de Justiça. Relator: Min. Edson Fachin. Brasília, 04 de abr. de 2018. Disponível em: <http://redir.stf.jus.br/paginadorpub/paginador.jsp?docTP=TP&docID=15132272>. Acesso em 28 de jun. 2018.

BUARQUE, Daniel. Pesquisa revela alta rejeição a refugiados e imigrantes no mundo. Folha de São Paulo, São Paulo, 11 ago. 2016. Disponível em: <http://www1.folha.uol.com.br/mundo/2016/08/1801673-pesquisa-revela-alta-rejeicao-a-refugiados-e-imigrantes-no-mundo.shtml>. Acesso em: 26 dez. 2017.

BÜLOW, Oskar von. *La teoria de las excepciones procesales y los pressupuestos prcessales*. Trad. Miguel Angel Rosas Lichtschein. Buenos Aireis: Ediciones Juridicas Europa, 1964.

CAEIRO, Pedro. "Sentido e função do instituto da perda de vantagens relacionadas com o crime no confronto com outros meios de prevenção da criminalidade reditícia (em especial, os procedimentos de confisco in rem e a criminalização do enriquecimento "ilícito"). In: *Revista Portuguesa de Ciências Criminais*. Org. Jorge de Figueiredo Dias. Ano 21. n. 2. Abr./Jun. 2011. Coimbra: Coimbra Editora, 2011. p. 267-321.

CALLEGARI, André Luís. Estado e política criminal: a expansão do direito penal como forma simbólica de controle social. In: *Constituição, sistemas sociais e hermenêutica*: programa de pós-graduação em Direito da Unisinos: mestrado e doutorado. Orgs. Lenio Luiz Streck, José Luis Bolzan, Ovídio Araújo Baptista da Silva [et al]. Porto Alegre: Livraria do Advogado Editora, 2008. p. 203-222.

CÂMARA DOS DEPUTADOS, Projeto de Lei da Câmara dos Deputados n. 4.850, de 2016. Estabelece medidas de combate à impunidade, à corrupção; altera os Decretos-Leis n°s 2.848, de 7 de dezembro de 1940 – Código Penal, e 3.689, de 3 de outubro de 1941 – Código de Processo Penal; as Leis n°s 4.717, de 29 de junho de 1965, 4.737, de 15 de julho de 1965, 8.072, de 25 de julho de 1990, 8.112, de 11 de dezembro de 1990, 8.429, de 2 de junho de 1992, 8.906, de 4 de julho de 1994, 9.096, de 19 de setembro de 1995, 9.504, de 30 de setembro de 1997, 9.613, de 3 de março de 1998, e 7.347, de 24 de julho de 1985; revoga dispositivos do Decreto-Lei n° 201, de 27 de fevereiro de 1967, e da Lei n° 8.137, de 27 de dezembro de 1990; e dá outras providências. Disponível em: <http://www.camara.gov.br/proposicoesWeb/prop_mostrarintegra;jsessionid=A04B7230F10F489F98BE357FB84CC043.proposicoesWebExterno2?codteor=1448689&filename=PL+4850/2016>. Acesso em: 21 jan. 2018.

CANADÁ. Ato constitucional (1987). Constitution Act, 1982. Disponível em: <http://laws-lois.justice.gc.ca/eng/Const/page-15.html#h-40>. Acesso em: 01 jul. 2018.

CANÁRIO, Pedro. Ao autorizar prisão antecipada, STF aprofundou injustiças, dizem advogados. In: Conjur. Disponível em: <https://www.conjur.com.br/2016-set-01/prisao-antecipada-stf-aprofundou-injusticas-dizem-advogados>. Acesso em 25 jul. 2018.

——. "Caminhamos a passos largos para o common law", afirma Teori Zavascki. In: *Conjur*. Disponível em: <https://www.conjur.com.br/2015-nov-10/caminhamos-passos-largos-common-law-teori-zavascki>. Acesso em: 17 jun. 2018.

CANOTILHO, J. J. Gomes. *Direito constitucional e teoria da constituição*. 7ª ed. 15.ª reimp. Coimbra: Editora Almedina, 2003.

CANOTILHO, J. J. Gomes. BRANDÃO, Nuno. *Colaboração premiada*: reflexões críticas sobre os acordos fundantes da operação lava jato. In: Revista Brasileira de Ciências Criminais. vol. 133. Jul./2017. p. 133-171.

CHIAVENATO, Idalberto. *Introdução à teoria geral da administração: uma visão abrangente da moderna administração das organizações*. 7ª ed. rev. e atual. Rio de Janeiro: Elsevier, 2003.

COOTER, Robert. ULEN, Thomas. *Law and economics*. 6ª ed., Berkeley: Berkeley Law Books, 2016.

COSTA, José de Faria. Habeas Corpus (ou a análise de um longo e ininterrupto "diálogo" entre o poder e a liberdade). In: *Linhas de direito penal e de filosofia: alguns cruzamentos reflexivos*. Coimbra: Coimbra Editora, 2005. p. 43-58

——. *Noções fundamentais de direito penal*. 3ª ed. Coimbra: Coimbra Editora, 2012.

——. O direito penal e o tempo (algumas reflexões dentro do nosso tempo e em redor da prescrição). In: *Linhas de direito penal e de filosofia: alguns cruzamentos reflexivos*. Coimbra: Editora Coimbra, 2005. p. 163-190.

——. O direito penal, a linguagem e o mundo globalizado: Babel ou esperanto universal? In: Direito penal e política criminal no terceiro milênio: perspectivas e tendências. [recurso eletrônico]. Congresso Internacional em Direito Penal, 8° Congresso Transdisciplinar de Estudos Criminais; org. Fabio Roberto D'Avila. Porto Alegre: EDIPUCRS, 2011. p. 11-24. Disponível em: <http://ebooks.pucrs.br/edipucrs/direitopenal.pdf>. Acesso em: 24 jun. 2018.

——. *O perigo em direito penal*: contributo para sua fundamentação e compreensão dogmáticas. Reimp. Coimbra: Coimbra Editora, 2000.

——. Um aponte entre o direito penal e a filosofia penal. In: *Linhas de direito penal e de filosofia*: alguns cruzamentos reflexivos. Coimbra: Editora Coimbra, 2005. p. 205-236.

——. Um olhar doloroso sobre o direito penal (ou o encontro inescapável do homo dolens, enquanto corpo-próprio, com o direito peal). In: *Linhas de direito penal e de filosofia*: alguns cruzamentos reflexivos. Coimbra: Coimbra Editora, 2005. p. 69-92.

CRUZ, Rogerio Schietti. *Prisão cautelar*: dramas, princípios e alternativas. 3ª ed., rev., atual. e ampl. Salvado: Editora JusPodivm, 2017. p. 272-274.

D'AGOSTINO, Rosanne. Três anos depois, linchamento de Fabiane após boato na web pode ajudar a endurecer lei. *G1*, São Paulo, 01 abril 2017. Disponível em: <https://g1.globo.com/e-ou-nao-e/noticia/tres-anos-depois-linchamento-de-fabiane-apos-boato-na-web-pode-ajudar-a-endurecer-lei.ghtml>. Acesso em: 26 dez. 2017.

D'AVILA, Fábio Roberto. *Ofensividade em direito penal*: escritos sobre a teoria do crime como ofensa a bens jurídicos. Porto Alegre: Livraria do Advogado, 2009.

DAMOUS, Wadih. Projeto de lei da Câmara dos Deputados n. 4.372, de 2016. Altera e acrescenta dispositivo à Lei 12.850, de 2 de agosto de 2013 que "Define organização criminosa e dispõe sobre a investigação criminal, os meios de obtenção da prova, infrações penais correlatas e o procedimento criminal; altera o Decreto-Lei nº 2.848, de 7 de dezembro de 1940 (Código Penal); revoga a Lei nº 9.034, de 3 de maio de 1995; e dá outras providências". Disponível em: <http://www.camara.gov.br/proposicoesWeb/prop_mostrarintegra?codteor=1433188&filename=PL+4372/2016>. Acesso em: 28 jan. 2018.

DIAS, Jorge de Figueiredo. *Direito penal*: parte geral. 2ª ed. 2ª reimp. tomo I. Coimbra: Coimbra Editora, 2012.

DOTTI, René Ariel. Prescrição e impunidade: responsabilidade pública. In: *Boletim do Instituto Brasileiro de Ciências Criminais*. Ano 23. n. 277. Dez/2015. São Paulo: IBCCRIM, 2015. p. 14-16.

DURKHEIM, Émile. *A divisão social do trabalho*. Tradução de Eduardo Brandão. 2ª ed. São Paulo: Martins Fontes, 1999.

DWORKIN, Ronald. Is wealth a value?. In: *The Journal of Legal Studies*, vol. 09, n. 02, Change in the common law: legal and economic perspectives, mar. 1980. p. 191-226.

——. *Levando os direitos a sério*. Trad. Nelson Boeira. 3ª ed. São Paulo: Editora WMF Martins Fontes, 2010.

ENGELMANN, Wilson. *Direito natural, ética e hermenêutica*. Porto Alegre: Livraria do Advogado, Editora, 2007.

——. As nanotecnologias como um exemplo de inovação e os reflexos jurídicos no cenário da pesquisa e inovação responsáveis (responsible research and innovation) e das implicações éticas, legais e sociais (ethical, legal and social implications). In: *Constituição, sistemas sociais e hermenêutica*: anuário do programa de Pós-Graduação em Direito da Unisinos: mestrado e doutorado. Orgs. Lenio Luiz Streck, Leonel Severo Rocha, Wilson Engelmann. Porto Alegre: Livraria do Advogado Editora, 2016.

Entrevista concedida por STRECK, Lenio Luiz. *Revista do Tribunal de Contas de Minas Gerais*. Vol. 81, n. 4, ano XXIX. [out., set. e dez., 2011]. Belo Horizonte, 2011. Entrevistadores: FERRAZ, Leonardo de Araújo; MARCHESANI, Juliana Mara; DE ARAUJO, Silvia Costa Pinto Ribeiro. Disponível em: <http://revista.tce.mg.gov.br/Content/Upload/Materia/1302.pdf>. Acesso em: 16/06/2018.

ESPANHA. *Constituição* (1978). Constitución. Disponível em: <http://www.congreso.es/consti/constitucion/indice/titulos/articulos.jsp?ini=15&fin=29&tipo=2>. Acesso em: 02 jul. 2018.

ESTADOS UNIDOS DA AMÉRICA. *Constituição* (1789). United States Constitution. Disponível em: <https://www.senate.gov/civics/constitution_item/constitution.htm>. Acesso em: 01 jul. 2018.

FERNANDES, Antonio Sacarance. *Processo penal constitucional*. 6ª ed. São Paulo: Editora Revista dos Tribunais, 2010.

——. O equilíbrio entre a eficiência e o garantismo e o crime organizado. *Revista Brasileira de Ciências Criminais*, ano 2008, n. 70, São Paulo: IBCCRIM, 2008. p.229-268.

FERRAJOLI, Luigi. *Direito e razão*: teoria do garantismo penal. 4ª ed., rev. Trad. Ana Paula Sica, Fauzi Hassan Choukr, Juarez Tavares, Luiz Flávio Gomes. São Paulo: Revista dos Tribunais, 2014.

—— [*et al.*]. *Garantismo, hermenêutica e (neo)constitucionalismo*: um debate com Luigi Ferrajoli. Org. Lenio Luiz Streck, André Karam Trindade, Luigi Ferrajoli. Porto Alegre: Livraria do Advogado, 2012.

FIGUEIREDO DIAS, Jorge. *Direito processual penal*. Coimbra: Coimbra Editora, 2004.

FONSECA, Cibele Benevides da; TABAK, Benjamin Miranda. AGUIAR, Júlio Cesar de. A colaboração premiada compensa?. Brasília: Núcleo de Estudos e Pesquisas/CONLEG/Senado, agosto/2015 (Texto para Discussão nº 181). Disponível em: <https://www12.senado.leg.br/publicacoes/estudos-legislativos/tipos-de-estudos/textos-para-discussao/td181>. Acesso em: 28 jan. 2018.

FRANCO, Alberto Silva. Novas tendências do direito penal. In: *Boletim IBCCRIM*. São Paulo, v.5, n.56 esp., p. 2, jul. 1997.

GADAMER, Hans-Georg. *Verdade e método*. Trad. Enio Paulo Giachini. Vol. II. Petrópolis: Vozes, 2002.

GOLDMAN, Diego H. Análisis económica del derecho penal y derecho penal liberal: confluencias y bifurcaciones. In: *Derecho penal y criminologia*, vol. 38, n. 104, 2017, Bogotá. p. 13-74. Disponível em: <https://revistas.uexternado.edu.co/index.php/derpen/article/view/5208/6275>. Acesso em: 31 mai. 2018.

GRINOVER, Ada Pellegrini. *Novas tendências do direito processual de acordo com a constituição de 1988*. Rio de Janeiro: Forense Universitária, 1990.

GUIMARÃES, Ulysses. [Discurso] 05 out. 1988, na Sessão da Assembleia Nacional Constituinte. Brasília, 1988. Discurso recitado pelo Presidente da Assembleia Constituinte. Disponível em: <http://www2.camara.leg.br/atividade-legislativa/plenario/discursos/escrevendohistoria/25-anos-da-constituicao-de-1988/constituinte-1987-1988/pdf/Ulysses%20Guimaraes%20-%20DISCURSO%20%20REVISADO.pdf>. Acesso em 25 jun. 2018.

HASSEMER, Winfried. El destino de los derechos del ciudadano en un derecho penal "eficaz". Trad. Francisco Muñoz Conde. Disponível em: <https://minerva.usc.es/xmlui/bitstream/handle/10347/4196/pg_183-200_penales15.pdf?sequence=1&isAllowed=y>. Acesso em: 29 jul. 2018.

——; MUNÕZ CONDE, Francisco. *Introducción a la criminología y al derecho penal*. Valencia: Tirant Lo Blanch, 1989.

HEIDEGGER, Martin. *Introdução à filosofia*. Trad. Marco Antonio Casanova. São Paulo: Editora WMF Martins Fontes, 2009.

HICKS, John R. A "value and capital" growth model. In: *The Review of Economic Studies*, vol. 26, n. 03, jun. 1959. p. 159-173. Disponível em: <http://www.jstor.org/stable/2295744>. Acesso em 31 mai. 2018.

HUME, David. *Tratado da natureza humana*. Tradução de Serafim da Silva Fontes. Lisboa: Fundação Calouste Gulbenkian, 2001.

JAKOBS, Gunther. MELIÁ, Manuel Cáncio. *Direito penal do inimigo*: noções e críticas. Org. e Trad. André Luís Callegari, Nereu José Giacomolli. 6ª ed. 2ª tir. Porto Alegre: Livraria do Advogado, 2015.

KALDOR, Nicholas. Welfare propositions of economics and interpersonal comparisons of utility. *The Economic Journal*, vol. 49, n. 195, set. 1939. p. 549-552. Disponível em <http://www.jstor.org/stable/2224835>. Acesso em 31 mai. 2018.

LEITE, Rosimeire Ventura. *Justiça consensual como instrumento de efetividade do processo penal no ordenamento jurídico brasileiro*. 2009. 173 f. Tese (Doutorado em Direito Processual). Programa de Pós-Graduação em Direito, Universidade de São Paulo. São Paulo, 2009.

LEHNEN, Fernando. *Estudo jurídico-contábil da prova pericial*. São Paulo: Editora LTr, 2001.

LOPES JR, Aury. Sistema de nulidades "a la carte" precisa ser superado no processo penal. *Conjur*. São Paulo, 05 set. 2014. Disponível em: <https://www.conjur.com.br/2014-set-05/limite-penal-sistema-nulidades-la-carte-superado-processo-penal#_edn2>. Acesso em: 28 jan. 2018.

——. Mudanças no sistema recursal: só esqueceram de combinar com a constituição.... In: Boletim do Instituto *Brasileiro de Ciências Criminais*. Ano 23. n. 277. Dez/2015. São Paulo: IBCCRIM, 2015. p. 12-14.

LOPES, Ana Maria D'Ávila. A hermenêutica jurídica de Gadamer. In: *Revista de informação legislativa*, vol. 37, n. 145, jan./mar. 2000. p. 106. Disponível em: <http://www2.senado.leg.br/bdsf/handle/id/560>. Acesso em: 16/06/2018.

LUHMANN, Niklas. El concepto del riesgo. In: *Las consecuencias perversas de la modernidad: modernidad, contingencia y riesgo*. Org. Josetxo Beriain. Trad. De Celso Sánches Capdequí. Barcelona: Anthropos, 1996. p. 123-172.

MACHADO, Marta Rodriguez de Assim. *Sociedade do risco e direito penal*: uma avaliação de novas tendências político-criminais. São Paulo: IBCCRIM, 2005.

MARCELINO JR., Julio Cesar. ROSA, Alexandre da. *O processo eficiente na lógica econômica: desenvolvimento, aceleração e direito fundamentais*. Florianópolis: Empório do Direito Editora, 2015.

MENDES, José Manuel. *Sociologia do risco*: uma breve introdução e algumas lições. Coimbra: Imprensa da Universidade de Coimbra, 2015.

MEZZANOTI, Gabriela. *Direito, guerra e terror*: novos desafios do direito internacional pós 11 de setembro. São Paulo: Quartir Latin, 2007.

MISHRA, Pankaj. How the New Immigration Is Shaking Old Europe to Its Core. The New York Times, Nova Iorque, 14 set. 2017. Disponível em: <https://www.nytimes.com/2017/09/14/books/review/crisis-of-multiculturalism-in-europe-rita-chin-immigration.html>. Acesso em: 26 dez. 2017.

MÜSSIG, Bernd. *Derecho penal del enemigo*: concepto y fatídico presagio: algunas tesis. In: CANCIO MELIÁ, Manuel; GÓMEZ-JARA DÍEZ, Carlos (Coords.). Derecho penal del enemigo: el discurso penal de la exclusión. v. 2. Buenos Aires: IBdeF, 2006. p. 371-390.

NAÇÕES UNIDAS. Assembleia Geral. Declaração universal dos direitos humanos. Adotada e proclamada pela resolução 217 A III da Assembleia Geral das Nações Unidas em 10 de dezembro de 1948. Nova Iorque, 1948. Disponível em: <https://www.unicef.org/brazil/pt/resources_10133.htm>. Acesso em: 25 jun. 2018.

NEVES, António Castanheira. Justiça e direito. In: *Digesta*: escritos acerca do pensamento jurídico, da sua metodologia e outros. Vol. 1. Coimbra: Coimbra Editora, 1995.

——. O funcionalismo jurídico: caracterização fundamental e consideração crítica no contexto actual do sentido da juridicidade. In: *Digesta*: escritos acerca do pensamento jurídico, da sua metodologia e outros. Vol. 3. Coimbra: Coimbra Editora, 2008.

NIETO, Rafael Mery. Notas sobre análisis económico del derecho: uma mirada desde américa latina. In: Revista de Derecho y Humanidades, n. 10. Santiago: Editora Patricio Aliste Santi, 2004. p. 121-140. Disponível em: <www.derechoyhumanidades.uchile.cl/index.php/RDH/article/viewFile/17022/17745>. Acesso em 31 de maio de 2018.

NOGUEIRA, Ciro. Projeto de Lei do Senado Federal n. 473/2017. Altera o Decreto-Lei nº 2.848, de 7 de dezembro de 1940 – Código Penal, para tipificar o crime de divulgação de notícia falsa. Disponível em: <http://www25.senado.leg.br/web/atividade/materias/-/materia/131758>. Acesso em: 15 fev. 2018.

OLSSON, Gustavo André. *Análise econômica do direito penal e teoria sistêmica*. Curitiba: Juruá, 2014.

PICOLI, Rogério Antonio. Utilitarismo, Bentham e a história da tradição. In: *Existência e Arte – Revista Eletrônica do Grupo PET* (Ciências Humanas, Estética e Artes da Universidade Federal de São João Del-Rei), ano V, n. V. Jan./Dez. de 2010. Disponível em: <https://ufsj.edu.br/portal2-repositorio/File/existenciaearte/Edicoes/5_Edicao/utilitarismos__bentham_e_a_historia_da_tradicao_rogerio_picoli.pdf>. Acesso em: 28 jun. 2018

PHILIPPSEN, Eduardo Gomes. Gestão temerária – a conduta do administrador de instituição financeira em face das normas regulamentares. *Revista de Doutrina da 4ª Região*, Porto Alegre, n. 34, fevereiro. 2010. Disponível em: <http://www.revistadoutrina.trf4.jus.br/artigos/edicao034/eduardo_philippsen.html>. Acesso em: 20 ago. 2018.

PORTUGAL. Constituição (1976). *Constituição*. Disponível em: <http://www.parlamento.pt/Legislacao/Paginas/ConstituicaoRepublicaPortuguesa.aspx>. Acesso em: 02 jul. 2018.

——. Decreto-Lei n. 78, de 17 de fevereiro de 1987. *Código de Processo Penal*. Disponível em: <http://www.pgdlisboa.pt/leis/lei_mostra_articulado.php?nid=199&tabela=leis&so_miolo=>. Acesso em 25 jun. 2018.

——. Tribunal Constitucional. Acórdão n. 179/2012. *Consulente*: Presidente da República Portuguesa. Relator: Conselheiro José da Cunha Barbosa. Lisboa, 04 abr. 2012. Disponível em: <http://www.tribunalconstitucional.pt/tc/acordaos/20120179.html?impressao=1>. Acesso em: 21 jan. 2018.

POSNER, Richard A. *A economia da justiça*. Trad. De Evandro Ferreira e Silva, revisão da tradução de Aníbal Mari. São Paulo: Editora WWF Martins Fontes, 2010.

——. A review of Steven Shavell's "Foundations of Economic Analysis of Law". In: *Journal of Economic Literature*. Vol. 44. n. 2. Jun./2006. p. 405-414. Disponível em: < http://www-jstor-org.ez101.periodicos.capes.gov.br/stable/30032254>. Acesso em: 20 jan. 2018.

——. *Direito, pragmatismo e democracia*. Trad. Teresa Dias Carneiro. Rio de Janeiro: Forense, 2010.

——. *El análisis económico del derecho*. Trad. Eduardo L. Suárez. 2ª ed. México: FCE, 2007.

ROSA, Christian Fernandes Gomes da. Jeremy Bentham e a constituição do conceito de direito no pensamento moderno. In: *Revista Estudos Jurídicos UNESP*. Franca, ano 14, n. 20, 2010, p. 297-310. Disponível em: <https://ojs.franca.unesp.br/index.php/estudosjuridicosunesp/article/view/257>. Acesso em: 09 jun. 2018.

SALAMA, Bruno Meyerhof. A História do Declínio e Queda do Eficientismo na Obra de Richard Posner. In: LIMA, Maria Lúcia L. M. Pádua (org.). Trinta Anos de Brasil: Diálogos entre Direito e Economia. São Paulo: Saraiva, 2012. Republicado: *Revista do Instituto do Direito Brasileiro da Faculdade de Direito da Universidade de Lisboa* (RIDB), n. 1, 2012. Disponível em: <https://works.bepress.com/bruno_meyerhof_salama/35/>. Acesso em: 31 mai. 2018.

SÁNCHEZ, Jesús María Silva. *A expansão do direito penal: aspectos nas sociedades pós-industriais*. Trad. Luiz Otávio de Oliveira Rocha. 3ª ed. rev. e atual. São Paulo: Editora Revista dos Tribunais, 2013.

——. Eficiencia y derecho penal. In: *Anuario de Derecho Penal y Ciencias Penales*. Fascículo 1. Jan./Abr. 1996. p. 93-127.

SANTOS FILHO, Sirio Vieira dos. A eficiência sob a perspectiva da análise econômica do direito. In: *Revista Justiça do Direito*, vol. 30, n. 02, mai./ago. 2016, p. 210-226. Disponível em: <www.seer.upf.br/index.php/rjd/article/download/6040/3711>. Acesso em 30 mai. 2018.

SENADO FEDERAL. DataSenado. 25 anos da Constituição Federal. Brasília, DF, [2013]. Disponível em: <https://www12.senado.leg.br/institucional/datasenado/arquivos/brasileiros-reconhecem-importancia-da-constituicao-cidada>. Acesso em: 04 jan. 2018.

SHÄFER, Gilberto; LEIVAS, Paulo Gilberto Cogo; SANTOS, Rodrigo Hamilton dos. Discurso de ódio: da abordagem conceitual ao discurso parlamentar. In: *Revista de Informação Legislativa*, vol. 52, n. 207, jul./set. 2015. p. 143-158.

SILVERMAN, Craig. This Analysis Shows How Viral Fake Election News Stories Outperformed Real News On Facebook. *BuzzFeed News*, Toronto, 16 nov. 2016. Disponível em: <https://www.buzzfeed.com/craigsilverman/viral-fake-election-news-outperformed-real-news-on-facebook?/>. Acesso em: 26 dez. 2017.

STEIN, Ernildo. *Introdução ao pensamento de Martin Heidegger*. Porto Alegre: EDIPUCRS, 2011.

——. Introdução ao método fenomenológico heideggeriano. In: *Sobre a essência do fundamento*: conferências e escritos filosóficos de Martin Heidegger. Tradução de Ernildo Stein. São Paulo: Abril Cultural, 1979.

STRECK, Lenio Luiz. A crítica hermenêutica do direito e a questão da discricionariedade judicial. *Revista Direito e Liberdade*, ESMARN, vol. 18, n. 1, p. 221-245, jan./abr. 2016.

——. A febre dos enunciados e a constitucionalidade do ofurô! Onde está o furo?. In: *Consultor Jurídico*. São Paulo, 10 set. 2015. Disponível em: <https://www.conjur.com.br/2015-set-10/senso-incomum-febre-enunciados-ncpc-inconstitucionalidade-ofuro>. Acesso em: 04 jan. 2018

——. Aplicar a "letra da lei" é uma atitude positivista?. In: *Novos Estudos Jurídicos – Eletrônica*. Vol. 15. n. 01. p. 158-173. Jan., abr. 2010. Disponível em: <http://siaiap32.univali.br/seer/index.php/nej/article/view/2308/1623>. Acesso em: 16/06/2018.

——. Bem jurídico e constituição: da proibição de excesso (*übermassverbot*) à proibição de proteção deficiente (*untermassverbot*) ou de como não há blindagem contra normas penais inconstitucionais. In: *Boletim da Faculdade de Direito da Universidade de Coimbra*. Vol. LXXX, ano 2004. p. 303-343.

——. Devemos nos importar, sim, com o que a doutrina diz. *Revista Consultor Jurídico*. Conjur. Disponível em: <http://www.conjur.com.br/2006-jan-05/devemos_importar_sim_doutrina>. Acesso em 16/06/2018.

——. *Dicionário de hermenêutica*: quarenta temas fundamentais da teoria do direito à luz da crítica hermenêutica do Direito. Belo Horizonte: Letramento, 2017.

——. *Hermenêutica jurídica e(m) crise*: uma exploração hermenêutica da construção do Direito. 11. ed. Porto Alegre: Livraria do Advogado, 2014.

——. Hermenêutica, Constituição e autonomia do Direito. In: *Revista de Estudos Constitucionais, Hermenêutica e Teoria do Direito*, 1(1), janeiro-junho, 2009. p. 65-77.

——. *Hermenêutica. Livro Carta* n. 1. 1ª ed. São Leopoldo: Edição do autor, 2017.

——. Jurisdição, fundamentação e dever de coerência e integridade no novo CPC. In: *Conjur*. Disponível em: <https://www.conjur.com.br/2016-abr-23/observatorio-constitucional-jurisdicao-fundamentacao-dever-coerencia-integridade-cpc>. Acesso em: 26 jun. 2018.

——. *Lições de Crítica Hermenêutica do Direito*. 2ª ed. Porto Alegre: Livraria do Advogado, 2016.

——. *O que é isto? – decido conforme minha consciência?* 4ª ed., rev. Porto Alegre: Livraria do Advogado Editora, 2013.

——. Por que os enunciados representam um retrocesso na teoria do Direito. In: *Consultor Jurídico*. São Paulo, 15 out. 2015. Disponível em: <https://www.conjur.com.br/2015-out-15/senso-incomum-professor-aluno-jornalista-selfie-velorio-fujamos>. Acesso em: 04 jan. 2018

——. *Verdade e consenso*: constituição, hermenêutica e teorias discursivas. 4ª ed. São Paulo, Saraiva, 2011.

——; OLIVEIRA, Rafael Tomaz de. *O que é isto – as garantias processuais penais?* Porto Alegre: Livraria do Advogado Editora, 2012.

STUMPF, Juliet. *The crimmigration crisis*: immigrants, crime and sovereign power. In: American University Law Review. Vol. 56, n. 2. Dez./2006. p. 367-419. Disponível em: <http://digitalcommons.wcl.american.edu/cgi/viewcontent.cgi?article=1274&context=aulr>. Acesso em: 26 dez. 2017.

SUNDFELD, Carlos Ari. *Fundamentos de direito público*. 4ª ed. São Paulo: Malheiros, 2009.

UNITED NATIONS. Humans Rights. Office of the high commissioner. *Information note on Human Rights* Committee. Disponível em: <https://www.ohchr.org/EN/NewsEvents/Pages/DisplayNews.aspx?NewsID=23464&LangID=E>. Acesso em 20 ago. 2018.

The Guardian view on migration to Europe: changing routes, unchanged principles. *The Guardian*, Londres, 28 ago. 2017. Disponível em: <https://www.theguardian.com/commentisfree/2017/aug/28/the-guardian-view-on-migration-to-europe-changing-routes-unchanged-principles>. Acesso em: 12 dez. 2017.

TIMM, Luciano Benetti. MACHADO, Rafael Bicca. Direito, mercado e função social. In: *Revista da Ajuris*. Porto Alegre, ano 33, n. 103, set. 2006. p. 197-209.

VALÉRIO, Otávio L. S. *A toga e a farda*: o supremo tribunal federal e o regime militar (1964-1969). 2010. 224 f. Dissertação (Mestrado em Direito). Programa de Pós-Graduação em Direito, Universidade Estadual de São Paulo (USP), São Paulo, 2010. Disponível em: <http://www.teses.usp.br/teses/disponiveis/2/2139/tde-16082011-164739/pt-br.php>. Acesso em: 30 jun. 2018.

VASCONCELLOS, Vinícius Gomes de. Barganha e acordos no processo penal: crítica às tendências de expansão da justiça negociada no Brasil. In: *Boletim Informativo IBRASPP*. Ano 4. n. 6. São Paulo: Editora Atlas, 2014. p. 06-08.

VIANELLO, Francesca. PADOVAN, Dario. *Criminalità e paura*: la construzione sociale dell'insicurezza. Disponível em: <https://www.researchgate.net/publication/267821965_Criminalita_e_paura_la_costruzione_sociale_dell%27insicurezza>. Acesso: 29 jul. 2018.

VILELA, Augusto Tarradt. *A posição do interrogatório no rito da lei de drogas e sua (in)compatibilidade com o processo penal constitucional*: uma crítica à jurisprudência do TJRS, TRF4, STJ e STF. In: Revista Brasileira de Ciências Criminais, São Paulo, ano 24, vol. 124, p. 105-121, out. 2016.

——. Lei nº 12.850/2013 e a colaboração premiada: análise diante da relativização das garantias constitucionais. In: *Meios de obtenção de provas no processo penal*. Org. Miguel Tedesco Wedy. Porto Alegre: Livraria do Advogado, 2018. p. 79-100.

VILELA, Augusto Tarradt; VILELA, Tafate Viana Dias. Direito transnacional, estado contemporâneo e a crise da soberania: os reflexos na esfera penal, in: *Revista Eletrônica Artigos Jurídicos e Direito em Debate* – AJDD. 13ª ed. Ano VII. Acesso em: 23 de dez. 2017. Disponível em: <http://www.reajdd.com.br/artigos/Revista_Ano%20VII_n13/10-AUGUSTO-MESTRANDO-ESTADUAL.pdf>.

VOLTAIRE. *Tratado sobre a tolerância*: por ocasião da morte de Jean Calas. Tradução de William Lagos. Porto Alegre: L&PM, 2011.

WEDY, Miguel Tedesco. A colaboração premiada entre o utilitarismo e a racionalidade de princípios. In: *Revista Direito e Liberdade*. Vol. 18. n. 03. Natal: ESMARN, 2016. p. 213-231.

——. A constituição, eficiência e garantias nas dez propostas do MPF contra a corrupção. In: *Constituição, sistemas sociais e hermenêutica*: anuário do programa de pós-graduação em direito da unisinos: mestrado e doutorado. Orgs. Lenio Luiz Streck, Leonel Severo Rocha, Wilson Engelmann. Porto Alegre: Livraria do Advogado; São Leopoldo: Unisinos, 2016.

——. *A eficiência e sua repercussão no direito penal e processo penal*. Porto Alegre: Elegantia Juris, 2016.

——. As figuras dos agentes infiltrados e provocador entre a eficiência e as garantias. In: *Meios de obtenção de prova no processo penal*. Org. Miguel Tedesco Wedy. Porto Alegre: Livraria do Advogado, 2018. p. 09-30.

——. Eficiência e direito penal. In: *Contribuciones a las Ciencias Sociales*, abril/2014. Disponível em: <http://www.eumed.net/rev/cccss/28/dereito-penal.html>. Acesso em: 25 jun. 2018.

——. *Eficiência e prisões cautelares*. Porto Alegre: Livraria do Advogado, 2013.

——. Eficiência, garantias e justiça no processo penal. In: *Revista de Estudos Criminais*, n. 52, Jan./Mar. 2014. p. 163-186.

WERMUTH, Maiquel Ângelo Dezordi. Mixofobia: a construção dos imigrantes ilegais como "sujeitos de risco" e o tratamento jurídico-penal da imigração irregular na União Europeia como retrocesso rumo a um modelo de Direito Penal do autor. In *Direito penal e globalização*: sociedade de risco, imigração irregular e justiça restaurativa. Org. André Luís Callegari. Porto Alegre: Livraria do Advogado Editora, 2011. p. 45-90.

WIDOW, María Magdalena Ossandón. *Eficiencia del derecho penal:* el caso de los delitos contra el médio ambiente. Revista de Derecho de la Pontificia Universidad Católica de Valparaíso, Valparaíso, vol. 24, p. 379-394, 2003.

WILDAVSKY, Aaron. *Searching for safety*: social theory and social policy. Londres: Routledge, 2017. Documento disponível para Kindle.

Impressão:
Evangraf
Rua Waldomiro Schapke, 77 - POA/RS
Fone: (51) 3336.2466 - (51) 3336.0422
E-mail: evangraf.adm@terra.com.br